직장인 5년 차, 독서에 미쳐라

# 직장인 5년 차, 독서에 미쳐라

발행일    2019년 10월 25일

지은이    조회전
펴낸이    손형국
펴낸곳    (주)북랩
편집인    선일영          편집   오경진, 강대건, 최예은, 최승헌, 김경무
디자인    이현수, 김민하, 한수회, 김윤주, 허지혜   제작   박기성, 황동현, 구성우, 장홍석
마케팅    김회란, 박진관, 조하라, 장은별
출판등록  2004. 12. 1(제2012-000051호)
주소      서울시 금천구 가산디지털 1로 168, 우림라이온스밸리 B동 B113~115호, C동 B101호
홈페이지   www.book.co.kr
전화번호   (02)2026-5777          팩스   (02)2026-5747

ISBN     979-11-6299-936-3 03320 (종이책)      979-11-6299-937-0 05320 (전자책)

이 도서의 국립중앙도서관 출판예정도서목록(CIP)은 서지정보유통지원시스템 홈페이지(http://seoji.nl.go.kr)와
국가자료공동목록시스템(http://www.nl.go.kr/kolisnet)에서 이용하실 수 있습니다.
(CIP제어번호: CIP2019041898)

독서가 어떻게 삶의 무기가 되는가?

# 직장인 5년 차, 독서에 미쳐라

조희전 지음

북랩 book Lab

# 들어가며

지금 무엇을 하느냐에 따라 5년 후가 달라진다면 당신은 무엇을 하겠는가. 나는 당장 당신이 독서를 해야 한다고 생각한다. 그러면 당신의 5년 후 미래는 눈부시게 달라질 것이다.

시중에는 많은 독서법 책들이 나와 있다. 그중 많은 책들이 유익하지만 그렇지 않은 책들도 많다. 오만하게도 독서법 책들을 읽으면서 나도 쓸 수 있겠다는 생각을 많이 가졌다. 나는 작가로서뿐만 아니라 직장인으로서 동시대의 직장인에게도 유익한 독서법 책을 한번 써 보고 싶었다. 나는 직장인으로 5년을 보냈다. 나도 직장인 5년 차의 심정을 똑같이 이해하고 안다는 말이다. 그들 중에는 자리 잡기 시작한 직장에서 만족을 느끼는 부류도 있을 것이고, 똑같은 일상의 반복에 지겨워하며 차츰 꿈이 시들어 가는 사람도 있을 것이다. 또한 직장인을 벗어나기 위해 더 큰 꿈을 꾸는 사람도 있을 것이다.

직장인 5년 차라면 필히 이 책을 읽어야 한다. 이 책은 독서의 시작부터 글쓰기, 공부하는 법, 그리고 이를 총체적으로 발달시키는 자기계발에 이르기까지 가져야 할 정신과 기술, 방법을 설명하고 있기 때문이다. 평생직장이 없어진 지금 이 시대에 이 책을 통해 자신만의 무기를 갖는 법을 배워 가기 바란다.

1장에서는 가장 중요한 독서 방법을 많은 페이지를 할애해 다루었다. 이는 2장, 3장, 4장을 읽어 가는 데 기본이 되기에 중요하게 다룬 것이다.

2장에서는 독서를 넘어 어떻게 글쓰기로 이어질까 하는 것에 대해 다루었다. 최근 인기가 있는 글쓰기에 대해 여러 권을 출간한 저자의 경험을 곁들여 내용을 제시했다. 3장에서는 공부에 대해 다루었다. 독서와 공부는 같으면서도 또 다르다. 직장인으로서의 영어 공부와 기타 공부에 대한 내용을 넣었다. 4장에서는 자기계발에 대해 다루었다. 독서를 하는 목적이 자기계발임을 생각하면 자기계발의 정신과 기술을 익히는 것은 중요시해야 한다. 5장에서는 독서로 변화를 이끌어 낸 사람들을 다루었다. 독서로 인생을 바꾼 사람들의 이야기를 통해 독서가 단순히 폼을 내는 것이 아닌 진정으로 삶을 바꾸는 수단임을 알려 주려고 쓴 것이다. 6장에서는 독서를 하지 않는 사람들을 통해 독서를 하지 않은 현대인이 어떻게 독서인으로 거듭났는지를 저술하였다.

　나 역시 직장인으로서의 연차가 쌓이면서 처음의 열정이 식어 가는 것을 느꼈다. 하지만 그런 고비를 넘길 수 있었던 것은 역시 책이 있었기 때문이었다. 나에게 독서와 글쓰기는 꿈이었기에 그런 꿈을 지탱해 줄 수 있는 현실이었던 직장의 일 역시 소중히 임했고 최선을 다했다. 결과적으로 나의 꿈은 이루어졌다. 직장인으로서도 자리 잡았고, 작가로서도 책을 출판하게 되어 적지 않은 명예도 얻었다.

　나는 작가와 교사로서의 나의 이야기에 더불어 직장인으로서의 꼭 필요한 지식을 알려 주어 그들 삶에 도움이 되고자 하였다. 내 이야기가 그들의 삶에 도움이 되었으면 좋겠다. 이 책은 고 구본형 씨의 책을 읽고 영감을 받아 썼다. 그가 직장인들에 대해 변화를 말했듯이 나 역시 직장인들에게 변화를 말하고 싶었다. 이 책을 통해 대한민국 직장인들의 삶에 변화가 있기를 소망한다.

2019년 10월
조희전

# 목차

## 2장  글쓰기에 미쳐라

## 3장 공부에 미쳐라

## 4장 자기계발에 미쳐라

## 5장 독서는 인생을 바꾼다
### - 독서로 인생을 바꾼 사람들

## 6장 독서를 하지 않는 사람들

# 부록

# 마치며

# 참고 문헌

# 1장

# 독서에
# 미쳐라

# 01
# 직장인에게 독서가 필요한 이유

직장인에게 독서가 왜 필요할까. 사실 직장 생활을 하면서 독서를 하지 않아도 회사 생활을 잘만 하는 경우도 있다. 하지만 독서는 필요하다. 왜냐하면 독서는 직장 생활을 할 수 있는 에너지를 공급해 주기 때문이다. 독서는 정신의 에너지이다. 흔히 당이 딸릴 때 먹는 초콜릿 바라고 생각하면 된다. 아침에 독서를 하면 하루 종일 긍정적인 자세를 유지하며 근무할 수 있다. 저녁에 독서를 하면 하루의 피로를 덜고 하루를 잘 마감할 수 있다. 그래서 나는 아침저녁으로 조금씩이라도 독서를 하기를 권한다. 실제로 CEO들은 독서를 많이 한다. 직장의 낮은 지위에 있을 때는 시키는 일만 잘하면 될지는 몰라도 상급의 직책에 오를수록 스스로 판단하여 지도력을 발휘해야 할 때가 많다. 'All reader is leader'라는 말이 있다. 지도자가 되기 위해서는 독서를 많이 해야 한다. 실제로 우리나라의 지도층이라고 불리는 국회의원들은 그들의 어릴 때나 젊을 때나 독서를 많이 한 사람들이 대부분이다. 그들을 비난하는 사람도 많겠지만 국회의원이 되기 전까지는 엄청나게 노력했던 사람임에는 분명하다.

독서를 하면 여러 가지 지식뿐만 아니라 삶에 꼭 필요한 지혜, 그리고 긍정적인 정신 자세까지 얻을 수 있다. 그리고 지도자가 되는 데 꼭 필요한 게 바로 독서이다. 이 독서를 낮은 직책에 있을 때부터 습관적으로 하라. 그러면 당신이 리더가 되었을 때도 훌륭히 자신의 역할을 수행하는 리더가 될 수 있을 것이다.

## :; 독서를 하며 삶이 바뀌다

독서를 많이 하게 되면서 내 삶은 바뀌었다. 그것은 읽기만 하는 독자에서 저자로 바뀌게 된 것이다. 직장에서도 책을 많이 낸 작가로서 인정받았다. 그리고 자세도 달라졌다. 당장 때려치우고 싶은 직장인에서 희망이 보이는 직장인으로 변모하게 된 것이다. 당신 역시 독서를 통해 이것이 가능하다. 당장 아침 30분을 독서로 시작하라. 당신의 삶에 희망이 보이기 시작할 것이다. 나 역시 아침 독서를 힘겨워했다. 집에서는 도저히 되지 않아 사실 포기하고 있었다. 그러던 중 어느 성공한 작가의 유튜브에서 아침에 커피숍에 가서 책을 보라는 이야기를 들었다. 내가 사는 동네는 커피숍이 늦게 열어서 차선책으로 파리 바게트에 가서 책을 읽었다. 파리 바게트에서 커피 한 잔을 시키고 30분씩 책을 읽었다. 당신은 당신 직장 근처의 커피 마실 수 있는 공간으로 가라. 그리고 거기서 책을 읽어라. 처음에는 잘 안 될지 몰라도 습관이 되면 습관처럼 책을 읽을 수 있다. 하루의 시작은 하루의 모든 것을 결정지을 정도로 중요한 시간이다. 이 시간을 독서하면서 자신의 미래를 꿈꾸는 데 투자한다면 당신의 미래는 밝을 수밖에 없다.

다음은 독서를 하면서 변화된 나의 삶의 모습이다.

| 구분 | 5년 전 | 현재 | 5년 후 |
|------|--------|------|--------|
| 직급 | 사회복무요원 | 교사, 작가 | 사장 |
| 소속 | 구청 | 직장인, 프리랜서 | 개인사업자 |
| 지위 | 사회복무요원 | 영어 교사 | 자기계발 강사 |
| 연 수입 | 월 10~20만 원 | 연봉 3,300만 원 | 연봉 1억 이상 |
| 저서 | 없음 | 10~20권 | 50권 이상 |
| 주거 | 없음 | 전세 | 수도권에 내 집 마련 |
| 자동차 | 없음 | 없음 | 2대 이상 |

| 자산 | 없음 | 10배 이상 | 100배 이상 |
|---|---|---|---|
| 건강 | 체중 미달 | 표준체중 | 건강한 몸매 |
| 인맥 | 10~20명 | 100~200명 | 1,000~2,000명 |
| 자녀 | 없음 | 없음 | 1남 1녀 |
| 결혼 | 미혼 | 미혼 | 결혼 |
| 인세 | 없음 | 1,000만 원 이하 | 10억 원 이상 |
| 꿈 | 전역 | 베스트셀러 작가 | 성공한 사업가 |
| 자아존중감 | 빈곤과 혐오, 멸시 | 만족 | 기쁨 |
| 삶 | 비전 없음 | 많은 꿈 | 꿈의 달성 |

성공한 이들에 비해 많이 모자라나 많은 발전을 거듭해 왔다. 그리고 5년 후에는 더 변화되어 눈부시게 달라질 것이다.


## ;; 현대판 노예에서 벗어나라

직장인들은 현대판 노예이다. 직장에 얽매이고 월급에 매달려 살게 된다. 많은 사람이 직장을 벗어나고 싶어 하지만 뚜렷한 방법이 없어 계속 직장을 다니고 있다. 나 역시 직장을 벗어나고 싶은 마음이 굴뚝같았으나 다른 대책이 없어서 직장을 계속 다녔다.

연차가 쌓일수록 더 적응하고 잘할 것 같지만 꼭 그렇지만도 않다. 오히려 직장 초기에는 열정으로 일하나 갈수록 직장 일에 회의를 느끼는 사람도 많다.

이를 위해 필요한 것은 독서이다. 독서를 통해 전문성을 확보해 보자. 그리고 자신의 분야에서 최고가 되어 보자. 자신의 분야에서 그저 그런 실적을 보이는 것과 최고가 되는 것은 180도 차이가 난다. 자신의 분야에서 최고가 되면 자신감과 자존감이 높아진다. 일이 일이 아니라 하나의 즐거운 놀이와도 같다. 이 같은 방법으로 성공한 사람들이 주위에는 꽤 있다. 그들은 회사를 그만두고도 자신만의 회사를 차려 당당하게 삶을 시작한다. 최고가 되어 본 경험이 있기에 자신만의 회사도 도전적인 정신으로 잘 꾸려 나간다.

그들 역시 초기에는 일을 잘 모르는 초보였음을 기억하라. 꾸준한 배움 그리고 독서를 통해 자신만의 분야에서 일인자가 되었다. 그것은 당신 역시 배움과 독서를 통해 일인자가 될 수 있다는 이야기이다. 일인자가 되면 이제는 노예에서 벗어나 자기 주도의 즐거운 삶을 살아갈 수 있다.

## :; 부자들의 제1취미

허영만의 『부자사전』에 의하면 부자들의 제1취미는 골프가 아니라 독서라고 한다. 골프야 워낙 부자들이 좋아하는 스포츠라서 이해가 되지만 독서는 언뜻 보아서는 이해가 안 된다. 하지만 부자들은 독서를 통해 투자처를 찾아내고 재산을 유지·증식하는 데 필요한 정보를 얻어낸다. 부자들은 그래서 미래에 대한 관심이 많고 인문학에 대한 관심도 많다. 그래서 진짜 부자들은 독서에 몰입한다. 왜냐하면 그런 지식은 오직 독서를 통해서만 얻어낼 수 있기 때문이다.

세계 1위의 주식 투자자 워런 버핏이 한 말을 생각해 보자. 워런 버핏은 자신이 뛰어난 투자를 할 수 있었던 이유로 독서를 손꼽았다. 그는 말한다. "Read, read, read". 오직 읽으라는 것이다. 읽는 것을 통해 수익을 창출하고 더 부자가 될 수 있었다. 그는 책을 더 빨리 읽을 수 있는 마법을 갖기를 원한다고 한다. 그의 투자에 읽기가 얼마나 도움이 되었는지 알 수 있는 일이다.

부자가 되기 원한다면 여러 가지 경제·경영서, 인문서 등 다양한 독서를 해 보자. 자기계발과 투자는 우리를 부자로 만든다. 이를 위해 필요한 것은 단연 독서이다.

## ▪; 왜 독서를 해야 하는가?

이 책을 읽는 사람 중에는 생각이 깊은 사람도 있을 것이다. 그런 사람은 물을 것이다. 왜 독서를 해야 하는가에 대해 말이다. 이에 대한 답은 수십 가지가 될 수 있으나 한 가지를 말하자면 실패자의 삶에서 변하여 성공자의 삶을 살아가기 위해 독서를 한다고 할 수 있다. 한 예를 들자면 나폴레옹의 독서가 그러했다. 나폴레옹은 어렸을 때 학업에 부진했을 뿐만 아니라 프랑스어를 잘하지 못해 왕따 신세였다. 그랬던 그가 영웅이 될 수 있었던 것은 오직 독서의 힘이었다. 사실 나폴레옹은 독서 반, 공부 반 습관을 가지고 있었다. 독서하는 데 50퍼센트의 힘을, 공부하는 데 50퍼센트의 힘을 투자했다. 자신의 모든 힘을 독서와 공부에 올인한 것이다. 그 결과는 당신이 아는 바와 같다. 나폴레옹은 황제가 되었고 유럽을 정복했다. 나폴레옹이 생전에 읽은 책은 8,000여 권에 달한다고 한다. 그는 일과 시간 이외에는 전부 독서에 자신의 시간을 바친 것이다. 그는 전장에 1,000여 권의 책을 따로 챙겨 가기도 했는데 그가 얼마나 독서에 몰입했는지를 잘 보여 주는 사례라고 할 수 있다. 이런 나폴레옹처럼 지금 패배자의 삶을 살고 있다면 독서 반, 공부 반 습관을 지녀야 한다. 그렇다면 당신은 몇 년 안에 정상의 자리에 오른 자신의 모습을 발견할 것이다. 당신이 얼마나 비천한 상황에 처해 있든지 상관없이 말이다.

## ::; 독서의 효능

이 글은 독서를 권하는 글이다. 그러다 보니 내가 약장수가 된 느낌이다. 만병통치약을 파는 것처럼 나도 독서를 팔려고 한다. 그렇다면 독서의 효능은 무엇일까. 독서는 정서를 안정시켜 주고 지식과 지혜를 준다. 지식과 지혜는 인터넷에서 얻는 정보와는 다르다. 작가의 생각이 들어가 정보가 지식과 지혜로 재탄생한 것을 말한다. 또 좋은 점은 무엇일까. 시간을 보내기에도 좋고 읽고 나면 기분이 긍정적으로 변하고 사람에 대한 이해가 깊어진다. 어릴 때 독서는 성적을 올리는 효과도 있다. 인문 고전 독서를 했을 때 성적이 수직 상승했다는 사례도 있다. 그렇다면 커서 독서는 어떤 효과가 있을까. 커서 책을 읽으면 삶의 의미를 찾고 제2의 인생을 시작할 수 있다는 장점이 있다.

여러모로 독서는 장점이 많은 것 같다. 그러니 한번 독서를 시도해 보라. 하지만 독서를 안 하던 사람이 독서를 시작하기에는 조금 힘들 수도 있다. 그럴 때는 영화의 원작 소설로 시작하라. 영화와 비교하며 읽어 가는 재미가 쏠쏠할 것이다. 또는 어릴 때 교과서에 나왔던 책을 기준으로 다시 시작해도 된다. 그것도 어렵다면 어린이용 동화책부터 시작하라. 톨스토이 동화는 이해하기 쉽고 재미있어 어른들이 읽어도 좋다.

지진아였던 처칠은 5시간 독서, 2시간 운동 법칙을 지킴으로써 영국의 지도자로 거듭났다. 이제 당신 차례이다.

## :; 독서가 왜 중요한지?

독서가 왜 중요한지 아는가. 단지 어른들이나 선생님이 권해서 그렇다고 생각하는 것은 아닐까. 오늘보다 내일 더 발전하고 싶은 사람들은 항상 책을 읽는다. 열심히 살려고 하는 사람은 책을 손에서 놓지 않는다. 지금보다 밝은 미래를 꿈꾸는 사람들은 책을 읽는다. 독서는 하나의 삶의 자세이다. 안중근 의사는 죽기 직전 책 읽을 시간을 달라고 했다. 아직 다 읽지 못했다는 것이다. 그가 어떤 지식이 궁금해서 그랬던 것일까. 그렇지 않다고 생각한다. 그는 말했다. "하루라도 책을 읽지 않으면 입안에서 가시가 돋친다". 하루라도 책을 읽어 정신 수양을 하지 않으면 남을 비판하게 된다는 말이다. 그가 죽기 직전까지 책을 읽은 것은 하나의 정신 수양의 자세를 보여 준 것이다.

우리가 책을 읽는 것도 마찬가지이다. 어떤 무예를 익히듯이 독서 또한 하나의 훈련이다. 매일매일 하는 즐거운 훈련이 강한 무사를 만들듯이 독서를 통해 더 나은 두뇌로 거듭나게 된다. 독서는 하나의 정신 수양이다. 해탈을 꿈꾸는 자가 하루도 빠짐없이 명상 수행을 하듯이 좀 더나은 사람이 되고자 하는 사람은 매일 여러 가지 책을 빠짐없이 읽는다.

나 역시 나를 가다듬고 싶을 때 독서를 했다. 무언가에 흔들릴 때 독서를 했다. 욕망에 빠져 허우적댈 때 독서를 했다. 삶의 무의미를 느낄 때, 외로울 때 독서를 했다. 독서는 어떤 순간이든지 나와 함께하면서 나의 앞길을 밝혀 주었다. 이제 당신에게도 독서가 찾아들 것이다. 당신은 문을 열어 활짝 맞이할지 아니면 평소와 같이 독서의 문을 닫은 채 살아갈지 결정해야 한다. 나는 당신이 독서를 시작했으면 좋겠다.

# 인문 고전에 미치다

나는 독서를 어려서부터 많이 해 왔다. 책도 안 읽었는데 작가가 된 것은 아니다. 하지만 나의 독서란 시간을 보내기 위한 취미 같은 독서로서, 작가가 되기 위한 독서에는 늘 부족하다고 생각했다. 초등학교 때 특히 책을 많이 보았고, 중학교 시절에는 닌텐도와 TV에 빠져 책을 등한시했다. 그러다가 다시 고등학교 때 한국 단편 문학에 빠지기도 했고 여러 추리 소설에도 빠지기도 했다. 사실 공부가 하기 싫었기에 그나마 꾸중을 덜 들을 수 있는 책을 선택했던 것이다. 대학에 들어간 이후에는 다시 독서에 미쳤다. 내 의도에 의해 들어간 대학도 아니었고 대학 생활도 맘에 안 들었기에 주야장천 책만 읽었다. 그중 많은 책이 만화책이었으나 나는 만화책, 소설, 일반서 가리지 않고 닥치는 대로 읽었다. 그러다가 문득 '이러다가 뭐가 될까' 하는 생각을 하기도 했다. 그러다가 약간의 고생 끝에 직장에 들어가게 되었다. 직장에 들어간다는 것은 상당한 변화를 요구하는 일이었다. 초반에는 적응하기가 무척 힘들었다. 그 당시까지 나는 수천 권의 책을 읽었는데 막상 직장에 와 보니 그런 수많은 책들이 전혀 도움이 되지 않았던 것이다. 그렇다고 나는 작가도 아니었기에 나는 무능한 신규 직원의 얼굴을 하고 있었다. 그런 와중에도 나는 도서관에서 그리고 서점에서 책을 사서 책을 읽었다. 그리고 플라톤의 저서를 필사하기 시작했다. 하지만 전혀 쓸모가 없었다. 플라톤의 철학은 내 교직 생활에 전혀 쓸모가 없었다. 나는 현실과 이상의 격차를 확인했고 그때부터 나는 작가가 되기를 간절히 기도했다. 또한 아이들은 말을 하나도 듣지 않았다. 내가 읽었던 수천 권의 책에는 아이들이 떠들 때 어떻게 해야 하는가에 대한 해답은 들어 있지 않았다.

그래도 나는 꾸준히 플라톤을 필사했다. 교직 생활에는 도움이 안 될지라도 작가로서의 삶에는 도움이 될 것이라고 믿었다. 모든 철학의 기본은 플라톤이라고 하지 않던가. 필사하면서 읽다 보니 플라톤 철학도 이해가 되었고 재미도 있었다.

그 후로 나는 아리스토텔레스, 데카르트, 니체 등으로 확장시켜 가면서 서양 철학에 빠져들었다. 『논어』, 『맹자』, 『장자』, 『채근담』과 같은 동양 철학도 재미있어서 거듭해서 읽었다.

플라톤 철학이 내게 주었던 가장 큰 유익은 나를 생각하게 만들었다는 점이다. 철학 서적의 특징이 바로 그것이다. 철학책을 통해서 얻을 수 있는 유익은 지식이 아니다. 사고력인 것이다. 철학은 생각하는 것이고, 스스로 사고해 봄으로써 사고력을 키우게 하는 것이 특징인 것이다. 나는 그것을 플라톤 철학을 통해 배웠다.

한편 데카르트 철학도 재미있었다. 근대 철학의 아버지라는 데카르트 철학도 밑줄 그어 가면서 읽으니 재미도 있고 이해도 잘되었다. 그래서 노트에 '데카르트와 나는 친구다'라고 적어 놓기도 했다. 데카르트 철학에서 얻었던 가장 유용한 점은 결단을 내리게 되었다는 점이다. 숲속에서 헤매고 있는 것보다 어느 하나의 길을 택해 나아가는 것이 낫다는 그의 글을 읽고 더 이상 유유부단하지 않고 선택해서 나아가게 된 것이다.

철학은 내게 꿈을 꾸게 했다. 그것은 현실에서의 부자가 되는 세속적인 욕망뿐만 아니라 생각하고 사유하는 철학하는 기쁨을 내게 주었던 것이다. 그리고 플라톤처럼 철학을 가르치는 학교를 세우고자 하는 큰 꿈까지 주었던 것이다. 『논어』를 읽으면서는 공자처럼 제자들을 길러 보고 싶다는 생각을 하기도 했다. 나는 머지않은 미래에 나만의 학교를 세울 것이다. 창의력과 감성이 살아 있는 교육을 하는 그런 학교를 만들고 싶다. 이것이 바로 인문 고전이 내 삶을 바꾸었던 과정이다.

# 1천여 권의 책을 읽다

나는 고향이 광주이고 직장이 파주라 파주로 이동하여 직장생활을 시작했다. 파주 중앙도서관에서 책을 빌려다 읽었는데 대여 권수가 약 1천 권가량이 된다. 그러니까 5년여에 걸쳐 읽었던 책이 1천여 권 정도가 되는 셈이다. 한 해에 1천여 권을 읽고, 한 달에 백여 권을 읽어나가는 독서에는 부족할지 모른다. 하지만 나는 책의 권수에 집착해서는 안 된다고 생각한다. 책의 권수에 집착하는 것은 약간 유치하다고 생각된다. 중요한 것은 책을 읽고 나서의 내 삶의 변화이지 그 양에 달린 것은 아니다. 물론 전문 작가가 되고 싶다면 열심히 읽어야 되는 것은 사실이다. 하지만 직업이 작가나 작가에 관련된 직업이 아니라면 독서 권수에 집착하지 않고 자신이 편한 대로 읽어 나가면 된다. 그것이 바른 방향이라고 나는 생각한다.

대학 시절부터 읽어 온 것과 내 집의 책을 생각하면 나도 수천 권의 책을 읽어 왔다. 20살 때부터 목숨 걸고 읽어 왔으니 1만여 권은 된다고 어림짐작한다. 책의 유익한 점은 많지만 내가 듣고 경험한 것만 적어 보려고 한다.

첫째, 책은 스트레스 완화 효과가 있다. 스트레스가 쌓일 때 가장 효과적인 휴식 방법은 독서이다. 책을 읽음으로써 마음이 안정되고 스트레스가 풀리는 효과가 있다는 것이다. 화가 나거나 흥분할 때 책을 읽어 보아라. 서너 장만 읽어도 마음이 한결 진정되는 효과를 볼 것이다.

둘째, 책은 큰 꿈을 꾸게 한다는 효과가 있다. 이는 수많은 위인들을 통해 간접적으로 증명되었다. 나폴레옹, 정주영, 모택동, 빌 클린턴, 버락 오바마, 오프라 윈프리, 빌 게이츠 등 수많은 역사적 인물과 현재의 위인들이 모두 독서를 통해 큰 꿈을 품고 세상에 나아갔다. 책은 큰 꿈을 꾸게 만든다는 것이다.

셋째, 책은 천재성을 계발시킨다. 책을 읽으면 머리가 좋아진다. 머리가 좋기 때문에 책을 읽는 게 아니다. 책을 읽기에 머리가 좋아지는 것이다. 책을 읽을 때 두뇌가 활성화된다는 것은 이제 널리 알려진 사실이다. 계속해서 책을 읽다 보면 두뇌의 천재성이 깨어난다. 나 역시 독서를 십여 년 한 끝에 천재성이 깨어났음을 느꼈다.

넷째, 독서는 글쓰기로 이어진다. 나 역시 처음에는 단순한 책벌레에 불과했다. 나는 도대체 무엇이 책벌레와 작가를 구분하는지에 대해 알지 못했다. 하지만 나는 그것을 발견하게 되었는데 그것은 바로 상처이다. 마음속의 상처가 좋은 글을 만드는 것이었다. 상처받지 않은 사람은 글쓰기의 영감이 없는 것과 마찬가지이다. 그들은 단순히 글쓰기의 재료만을 가질 뿐이다.

다섯째, 독서는 능력을 심어 준다. 모든 시험을 통과하려면 공부를 해야 한다는 것을 알고 있는가. 독서는 공부의 기본이다. 모든 공부가 책 읽기로부터 시작된다. 그러므로 사회에 한 걸음 나아가고자 하는 모든 이들은 효과적인 독서법을 숙지해야 한다. 나는 이 글을 통해 그 효과적인 독서법을 알리고자 한다.

이처럼 독서는 많은 부분에 있어 인간의 삶에 유익하다. 천국의 모습은 도서관의 모습과 비슷하다는 말이 있다. 현실 세계에서 고통 없이 즐거움만 주는 것은 독서가 유일하다. 이 시대의 청춘과 직장인들이여, 책을 가까이하라. 책에서는 오직 유익만이 있고 해가 없으니 그대가 할 수 있는 가장 최고의 선택이 될 것이다.

## 04
# 퇴근 후 3시간을 활용하라

대학생 때는 종일 책을 읽었다. 하지만 직장에 와서는 그럴 수 없었다. 그래서 찾은 것이 퇴근 후 3시간이었다. 아침잠이 많았던 나는 아침에 일찍 일어날 수 없었다. 그래서 차선으로 퇴근 후 시간을 활용하기로 했다. 아침형 인간이어야 성공한다고 주장하는 사람도 많으나 나는 시간이 중요한 게 아니라 의지가 중요하다고 생각한다. 아침 시간이든 저녁 시간이든 열심히 활용한 사람이 성공하는 게 당연하다.

도서관이 오후 10시까지 열었기에 7시부터 3시간은 도서관에 머무르며 책을 읽었다. 도서관은 공부하는 층과 독서하는 층 둘로 구분된다. 열심히 책을 보는 사람들 틈에 있다 보면 나 역시 열심히 책을 읽을 수 있었다.

도서관은 세 군데 정도를 알고 활용하는 것이 좋다. 도서관마다 장서의 양이나 종류가 다르기도 하고, 꼭 필요한 책이 어느 한 도서관에 있기도 하다. 도서관마다 책을 3~5권 빌릴 수 있으니 여러 도서관을 알아 놓으면 다수의 책을 한 번에 빌릴 수 있다는 장점도 있다. 나는 고향인 광주에 있을 때, 대학 시절 인천에 있을 때, 파주에 있을 때 모두 3개 정도의 도서관을 알아두고 활용했다.

내가 도서관 활용 시간을 3시간으로 정해 두는 것은 3시간 정도가 나의 독서의 한계이기 때문이다. 더 어렸던 20대 때는 그보다 더 오랜 시간 독서에 빠지곤 했지만 30대가 된 지금은 3시간 정도 책을 읽으면 피곤해서 더 이상 독서할 수 없었다. 그래서 나는 3시간 독서를 일상화한다.

퇴근 후 도서관에 가면 그렇게 기분이 좋았다. 나만의 시간이 시작된 것이나 마찬가지였기 때문이다. 누구에게도 방해받지 않고, 어떤 일을 해야 하는 것도 아니고 내가 원하는 책을 골라 나만의 시간을 가질 수 있다는 것이 행복하기만 했다. 그것은 일찍 퇴근할 수 있는 내 직장 덕분이기도 했다. 하지만 회식이나 기타 여러 일로 늦게 퇴근할 때도 있었다. 그럴 때면 도서관에 가지 못한 것을 아쉬워하기도 했다.

퇴근 후 3시간 독서 타임은 나를 기쁘게 했고, 나 역시 그 시간을 충분히 즐겼다. 그리고 나는 책을 통해 도서관에서 꿈을 꾸었다. 현실은 교사라는 직장인으로 살아가고 있지만 보다 더 큰 인물이 되고자 하는 욕망이 내면에서는 끓어오르고 있었던 것이다. 그렇다. 나는 더 잘할 수 있고, 더 성공할 수 있고, 더 행복할 수 있는 것이다. 책을 통해 나는 그것을 배웠다.

퇴근 후 도서관에 가지 못한 날은 영어 학원에 갔다. 나는 5년 차에 영어 과목을 맡아서 영어 실력을 확보해야 했다. 이때 도움이 되었던 게 또 책이었다. 영어 교육에 관한 책을 많이 읽었고 그 책에 나온 내용을 바탕으로 내 영어 공부 계획을 세우기 시작했다. 당장 학원을 끊고 교재를 구해 영어를 공부했다. 학기 초에는 절절맸지만 시간이 지나면서 적응했고 이제는 내일이 기대가 된다. 나의 영어 공부는 계속될 것이며, 독서도 계속할 것이다. 그러고 보니 영어와 독서에서 최고가 된다는 계획은 사실 대학생 때 세웠던 것이다. 오랜 시간 잊고 있었지만 지금 보니 내가 그 계획을 향해 걸어가고 있다는 것을 알았다. 그때는 10년 안에 정상에 서고 싶다고 적었는데 지금은 시간이 많이 늦어졌지만 소걸음처럼 포기하지 않고 꾸준히 걸어간다면 이룰 수 있다고 믿는다.

# 주말 시간을 활용하라

주말 시간은 책을 볼 수 있는 최적의 시간이다. 주말에는 일을 하지 않는다. 그렇기에 많은 시간이 확보된다. 잠을 충분히 잘 수 있기에 체력적으로도 문제가 없다. 이른바 책을 보기 좋은 시간이라는 점이다. 하지만 독서의 계절이라는 가을에 놀러 다니느라 오히려 책을 보기 힘든 것처럼 주말 시간이라고 함부로 쓰다 보면 책을 오히려 더 안 보게 될 수도 있다. 이런 일을 막기 위해 주말에도 도서관에 가 보라. 주말이라고 해서 도서관에 사람이 없는 것은 아니다 오히려 공부하는 학생들을 포함해 더 많은 사람들이 도서관에 앉아 책을 보고 있음을 확인할 것이다.

남들 쉬는 주말에 공부를 한다고 생각해 보라. 남보다 두 배는 앞서나 갈 수 있는 비법이 아닐까. '토요일 4시간'은 이처럼 주말 시간의 중요성을 말해 준다. 이 책에서 나는 토요일 4시간만 활용해도, 오랜 시간이 지나지 않아 한 분야의 전문가까지 성장할 수 있음을 주장하려 한다.

평일에는 시간이 나지 않는 직장인에게 토요일 4시간은 황금 같은 시간이 아닐 수 없다. 이 시간을 잘 활용한다면 제2의 분야에서 전문가로 활동할 수 있을 것이다. 나 역시 영어 전문가가 되기 위해 토요일 4시간을 영어 공부에 투자한 적이 있다. 그 시간 동안 나는 자기계발에 몰두하였고 그 자기계발의 시간은 결코 헛되지 않았다고 생각한다.

꼭 공부만 하는 것이 주말 시간을 잘 보내는 것은 아니다. 가족끼리 연인끼리 산이나 바다에 놀러 가는 것도 시간을 잘 활용하는 것이라고 볼 수 있다. 나 역시 주말에는 이 산 저 산 돌아다니면서 힐링했던 경험이 있다. 이처럼 주말의 시간은 남들보다 앞서기 위해 노력하는 것을 포함해 힐링의 시간을 갖는 것까지 자기 원하는 대로 유동성 있게 활용하는 것이 좋다. 물론 독서에 투자하는 것이 미래를 위한 최선의 길일 것이다.

# 술 대신 책을 보아라

사회생활을 하다 보면 술자리는 피할 수 없다. 하지만 술자리는 최소화하고 책을 보아라. 나 역시 술자리를 피할 수 없었다. 술자리를 피할 수 있는 건 연배가 조금 있거나 관리자일 경우에만 해당하는 일이었다. 하지만 나는 술을 많이 먹지 않으려고 노력했다. 나는 술자리보다 홀로 도서관에 앉아 책을 보는 시간을 더 사랑했다.

아인슈타인이 술 대신에 인문 고전에 취하겠다고 선언했듯이 나 역시 술 대신 독서에 미치겠다고 선언하였다. 이 책은 나의 독서를 알리는 효과적인 수단이 될 것으로 확신한다. 나는 한때 독서에 미쳤었고, 지금도 미쳐 있으며 앞으로도 미칠 것이다. 왜냐하면 독서만큼 내게 유익한 것이 없다는 것을 확인했기 때문이다. 쇼펜하우어 같은 경우 독서보다도 사색을 중요하게 생각하지만 사색이 보통 어려운 일인가. 그냥 독서를 하는 게 더 유익하다. 독서를 하다 보면 어떻게든 생각은 들게 마련이다. 오죽하면 공자는 배우지 않고 생각하는 것은 유익함이 없다고 하였다.

하지만 술을 마시는 것은 사회생활에 필요하다고 생각한다. 책을 출판하기 위해서 미팅을 할 때에도 간단히 술을 마시고 하는 경우도 있었다. 한국은 술 공화국이다. 술 소비량이 한 해 동안 어마어마하다. 그에 비해 읽는 책은 달랑 몇 권에 불과하다. 우리나라 사람들이 술을 마시는 대신에 책을 읽게 된다면 나라 전체가 얼마나 더 발전할지 상상도 할 수 없을 것이다. 모두가 자기계발에 몰두할 때 개인의 삶은 더 나아지고 더 강하고 부강한 국가가 될 수 있을 것이다. 나는 그런 날이 오기를 감히 기대해 본다.

# 도서관을 활용하라

책을 살 돈이 마땅치 않은 사람에게는 희소식이 있는데 도서관을 활용하면 된다는 것이다. 나 역시 대학 시절 돈이 충분하지 않았기에 도서관을 활용했다. 여러 군데 도서관에 가입해서 최대한 많은 책을 빌리려고 했다. 자주 이용하던 도서관은 계양도서관과 경인교대 도서관이었다. 도서관에는 책만 있는 것은 아니었다. 종합 자료실에는 책이 보관되어 있어 열람할 수 있고 대여도 가능했다. 그리고 열람실은 공부를 하는 학생이나 일반인들이 사용하고 있었다. 그리고 좋았던 것은 디지털 자료실이었다. 이곳에서는 PC를 사용할 수 있었고 영화도 DVD로 빌려서 볼 수 있었다. 나는 도서관에서 많은 시간 머물렀고 책을 보기도 했고 영화를 보기도 했다. 〈그랑블루〉와 〈미저리〉, 〈쏘우〉를 봤던 기억이 난다. 그리고 도서관 지하에는 식당이 있어서 밥을 사 먹을 수 있었기에 학교에 수업이 없는 날에는 도서관에 파묻혀 지냈다. 돈이 없고 갈 곳 없는 나에게는 도서관은 천국이나 다름없었고 이런 도서관에서 오래 머물렀던 시간이 미래의 나에게 기회를 가져다주었다.

애인도 없었고 돈도 없었고 친구도 부족했던 그 시절 도서관은 나의 반려자이자 나의 시간이 머물렀던 하나의 추억의 공간이 되었다. 책을 많이 살 수 있게 된 지금에도 나는 도서관을 자주 간다. 도서관 특유의 책 읽는 그리고 공부하는 분위기가 좋기 때문이다. 공부하는 학생을 바라보면서 과거의 나 자신을 생각하며 오만하거나 자만하지 않고, 책 읽는 사람들 사이에 섞여 여러 책을 읽다 보면 많은 시간이 금방 지나간다.

내가 10여 년의 세월을 거쳐 작가가 될 수 있었던 것은 도서관에서의 시간이 있었기 때문이었다. 처음부터 나는 작가가 되고자 한 것은 아니었으나 도서관에서의 독서 시간은 나를 자연스럽게 작가의 자리에 오르게 만들었다. 청춘의 한 시절을 책에 미쳐 있었다는 사실은 부끄러운 기억은 아니다. 그보다 더 좋은 일을 할 수도 있었겠지만 지방에서 올라온 유학생의 처지에서 나쁜 길이나 방탕한 길에 빠지지 않고 그나마 여러 책을 읽었다는 것은 위로가 되는 일이다.

도서관에서 나는 유비에 관한 글을 읽었다. 유비가 노인이 던지는 신발을 자꾸 주워 주는 내용이다. 유비는 화가 날 수도 있으나 꾹 참고 노인이 던지는 신발을 다시 주워 온다. 노인이 황석공이 장량에게 기이한 책을 준 것을 바라고 그러는 것이 아니냐고 묻자, 유비는 지금 와서 무례하게 군다면 이전의 선행은 없어지는 것이 아니냐고 말했다. 나는 그때 깨달았다. 내가 비록 수능을 잘 못 봐서 교대에 오게 되었지만 포기하지 않고 나의 길을 가야겠다는 생각을 한 것이다. 결국 도서관은 나의 인생을 승리로 만들었다. 나는 앞으로도 도서관에서 많은 시간을 보낼 것이다. 도서관과 내가 평생 친구 관계가 될 것을 기대해 본다.

## *08*
# 직접 책을 사면 3배의 효과가 있다

대학생 시절은 가난했던 시절이었다. 그럼에도 불구하고 나는 많은 책을 샀다. 책을 직접 사면 빌려 보는 것보다 세 배의 효과가 있다. 일단 값을 지불했기에 조금이라도 일단 들춰 보기라도 하는 것이다. 이른바 본전 생각이 나기 때문이다. 그리고 펜으로 밑줄을 긋거나 책을 접을 수 있기 때문에 효과적인 독서가 가능하다. 메모해 가면서 독서하는 것은 독서의 효과를 두 배로 늘리는 길이기도 하다. 나는 도서관 책에 밑줄을 그은 적도 있는데 나중에는 찝찝하고 죄책감을 느끼는 등 기분이 좋지 않았다. 그래서 책을 사서 자신의 마음껏 활용하는 것이 좋다. 또 좋은 점은 책을 반복해서 여러 번 볼 수 있다는 점이다. 한 번 사서 한 번만 본다는 사람들도 있으나 반복해서 봐서 나쁠 것은 없다. 문장과 내용이 다시 한번 내 안에 들어오므로 작가가 되고 싶은 사람에게는 반복 독서는 매우 효과적인 독서 방법이다. 작가가 되지 않을 사람도 반복 독서를 하면 더 내용을 생생히 기억할 수 있기 때문에 살아가는 데 도움이 될 것이다.

지금의 나는 도서관에서 책을 빌려 보기도 하지만 대부분의 책은 사서 본다. 나는 월급의 10퍼센트를 자기계발에 투자하는데 대부분 책을 사는 데 활용한다. 한 달에 20여 권의 책을 살 수 있으므로 일주일에 한 번씩 서점에 들러 몇 권씩 들고 오는 것이 나의 삶의 하나의 큰 즐거움이다. 그럴 때면 가난했던 대학생 시절을 떠올리며 행복한 미소가 지어진다. 물론 책을 사 놓고도 제대로 활용하지 못하는 사람도 많다 이를 방지하기 위해서는 직접 자신이 눈으로 확인하고 고르는 것이 좋다. 나는 인터넷 서점도 많이 활용했는데 인터넷 서점은 내용을 확인할 수 없어서 사 놓고 읽지 않은 책이 많았다. 그래서 나는 인터넷 서점에서는 아는 책만 구입하고 나머지는 직접 서점에 가서 내용을 살펴보고 구입하는 편이다. 그러면 실패의 확률도 낮고 효과적으로 책을 구입할 수 있다.

## 09
# 중고 서점을 활용하라

나는 중고 서점에 대한 환상을 갖고 있었다. 어두침침한 곳 수없이 쌓여 있는 책들에서 비밀 같은 문서를 발견하는 것 말이다. 대학 시절 중고 서점은 그렇게 많지 않았다. 유명한 곳에 가 봐도 책도 별로 없고, 책을 찾기도 애매하고 책에 곰팡이가 핀 것 같았다. 그래서 나는 중고 서점과 인연을 맺지 못했다. 그러던 것이 최근에 이르러 대형 중고 서점이 생기면서 중고 서점에 자주 가게 되었다 중고 서점이 좋은 것은 가격이 저렴하다는 것이다. 시중의 일반 책보다 낮은 가격으로 책을 구입할 수 있다는 점이 장점이다. 그래서 나는 중고 서점에 자주 가서 구경도 하고 책을 구입하기도 했다. 중고 서점이라고 해서 옛날 책만 있다고 생각하면 오해이다. 최근 6개월 내의 최신작도 중고 서점에 많이 있었다. 다만 그 책들은 그렇게 할인이 많이 되지는 않았다. 중고 서점의 활용법은 또한 책을 파는 것이다. 나는 많은 책을 샀고 또한 많은 책을 팔았다. 책을 팔면 그렇게 많은 금액은 받지 못하지만 공돈이 생긴 것처럼 기분이 좋았다. 옛날 선비들도 책을 팔아 밥을 먹고 술을 먹었다는데 그 기분을 알 것 같았다.

중고 서점에는 옛날 책부터 어린이 책, 만화책에 이르기까지 다양한 책들이 있다. 그곳에서 때론 내가 읽고 싶었던 책들을 발견하기도 한다. 그럴 때면 보물을 주운 것처럼 마음이 기쁘다.

나는 시내 대형 서점을 자주 이용하고 있다. 교보문고와 영풍문고에 자주 간다. 대형 서점은 많은 책들을 한 번에 볼 수 있다는 것이 좋다. 처음에는 무슨 책이 어디에 있는지도 몰랐지만 자주 가다 보니 무슨 책이 어디에 있다는 것까지 잘 알게 되었다. 마치 내가 서점 주인이 된 것처럼 말이다. 나는 신간에 관심이 많고 대형 서점을 잘 활용하겠지만 중고 서점 역시 잘 활용할 것이다. 이는 모든 독서인들이 해야 할 선택일 것이다. 왠지 오래된 책 냄새가 그리울 때는 중고 서점에 가자. 거기서 당신은 많은 책들을 발견할 수 있을 것이다.

# 10
# 꾸준함을 이길 재능은 없다

책을 읽는 데 중요한 마음가짐은 꾸준히 한다는 것이다. 꾸준히 기어 갔던 거북이가 토끼를 이기듯이, 느린 달팽이가 먼 길을 가듯이, 소걸음 으로 천 리를 가듯이 늦은 것 같지만 천천히 계속 지속하는 힘은 우리를 승자로 만든다. 재능도 못 당한다. 천재성도 못 당한다. 오직 끈기와 인내 로 자신이 할 일을 지속하는 자를 우리는 이길 수 없다. 그래서 꾸준함 을 이길 재능은 없다고 하는 것이다.

책은 일종의 보약과도 같은 것이다. 단기간에 큰 변화를 거두기는 힘들 다. 특히 인문학 서적일수록 금방 인생에 변화가 일어나지 않는다. 하지 만 책은 사람의 체질을 바꾼다. 한약이 그러하듯이 말이다. 그래서 책은 내면으로부터 마인드를 변하게 한다. 한약이 내면의 체질을 바꾸듯이 말 이다. 그래서 오랜 시간 책을 본 사람에게는 내공이 쌓인다. 이른바 무협 소설에서 자주 나오는 이야기가 있다. 내공을 쌓아 지상 최고의 검객으 로 거듭난다는 그런 스토리 말이다. 책은 마음을 단련시키기 때문에 지 상 최고의 작가로 거듭나게 되는 일도 발생하게 된다.

주위를 보면 갑작스럽게 작가가 된 것 같은 사람들이 있는데 알고 보면 어릴 때 책을 엄청나게 많이 읽었다거나 하는 비밀스러운 과거가 하나씩 은 있다. 이른바 '아니 땐 굴뚝에 연기 나랴'인 셈이다.

조앤 롤링의 『해리포터』도 갑자기 튀어나온 이야기인 것 같지만 그렇 지 않았다. 조앤 롤링은 어려서부터 상상하기를 좋아했고 단편 소설을 지어 동생들에게 들려주기도 했다. 사회로 나가 갖은 고생 끝에 어린 시절 상상했던 것을 확장시켜 놓은 게 바로 『해리포터』라는 소설이다.

이른바 베스트셀러의 소설의 씨앗을 어릴 때부터 마음속에 품고 키워 왔던 셈이다.

당신이 독서를 꾸준히만 한다면 당신의 삶을 바꿀 수 있고 더 나아가 다른 사람의 삶도 바꿀 수 있다. 그래서 클린턴은 대통령이 되었고, 오바마도 대통령이 되었고, 부시도 대통령이 되었고, 트럼프도 대통령이 된 것이다. 부시나 트럼프는 독서와 거리가 먼 인물이라고 생각하는 사람이 있을지도 모르나 그것은 잘못 알려진 것이다. 부시나 트럼프 역시 잘 알려진 독서광 중에 한 명이다. 이처럼 독서에는 사람의 체질을 바꿔 내공을 쌓아 올리는 힘이 있다. 이 사실을 안다면 먼 길을 가는 데 서두르거나 초조해하지 않고 천천히 한 걸음씩 나아가 거대한 산을 쌓을 것이다.

# 11
## 독서는 사고방식을 바꾸기 위한 것이다

독서를 하다 보면 얻는 게 있다. 그것은 지식과 지혜이다. 하지만 더 중요한 것이 있으니 그것은 바로 사고방식을 바꿀 수 있다는 점이다. 독서를 통해 긍정적인 자료를 접하면 우리의 마음가짐 역시 긍정적으로 변화하게 된다. 그러므로 책은 긍정적인 내용을 담은 책을 읽는 것이 좋다. 물론 작가가 되려면 긍정, 부정을 가리지 않고 인생의 지혜를 나타내는 책을 읽어야 한다. 하지만 작가가 될 생각이 아니라면 긍정적인 내용만을 담은 책을 읽는 것이 나는 바람직하다고 생각한다. 사고방식을 바꾸는 데 좋은 책은 위인전이다. 나는 꼭 두꺼운 평전을 읽지 않아도 좋다고 생각한다. 내가 추천하고 싶은 위인전은 다산어린이에서 나온 'who 시리즈'이다. who 시리즈는 알찬 내용으로 여러 위인들의 삶을 긍정적으로 그리고 있다. 이 책을 수십 권 읽었을 때 나는 내 사고방식이 변화했음을 느꼈다. 부정도 긍정도 없이 그럭저럭 살아가고 있었는데 성공할 수 있다는 자신감이 차오르기 시작했다. 나의 사고방식이 완전히 바뀌게 된 것이다. 이 책을 쓰는 지금 내 책은 2권 정도가 계약되어 있다. 나는 그 책들의 성공을 확신한다. 나의 긍정적인 사고방식이 온전히 담겨 있는 그 책들은 베스트셀러가 될 것이다. 이 책들에 이어 나의 이 책도 여러 사람들의 마음을 자극하고 인생을 바꾸는 훌륭한 자기계발서가 될 것을 믿어 의심치 않는다. 어떤 일을 성공시키고자 하는 사람에게 필요한 것은 긍정과 자신감이다. 모든 성공한 사람은 두 가지 특징이 있다고 한다. 그것은 긍정적인 정신 상태와 독서이다. 이 두 가지를 갖춘 사람은 성공할 수 있다. 나 역시 그 두 가지를 갖추었기에 성공할 수 있었고 이 두 가지를 갖춘 당신 역시 성공할 수 있을 것이다.

# 소설은 세계관을 바꾼다

나는 초등 교사로 1년 6개월가량의 근무를 마치고 뒤늦은 나이에 군대에 갔다. 4급 판정을 받았기에 사회복무요원으로 일하게 되었다. 내가 근무하게 된 곳은 공원 녹지과였다. 공원 관리를 하는 일이다. 이를 우습게 보는 사람도 있을지도 모른다. 하지만 결코 그렇지 않았다. 나 역시 평소에 사회복무요원을 우습게 보았기에 그들이 하는 일이 쉬울 것이라고 생각하고 있었는데 그것은 착각이었다. 나는 좋지 않게 말해 공원의 노예였다. 공원 일은 정말 여러 가지로 많다. 쓰레기 청소는 기본이며, 제초 작업, 공원 식물을 가꾸는 작업, 장미원 관리, 호수 부유물 제거, 갈대 제거 작업, 부레옥잠 제거 작업, 식물원 이사 작업, 식물원 관리 등 가지각색의 수많은 일들을 해야 했다. 흔히 생각하는 자리만 지키면서 게임을 하는 그런 사회복무요원을 생각하면 큰 코를 다칠 일이었다.

쓰레기 청소를 할 때면 구더기가 잔뜩 있기도 했고, 취객이 버린 술병이며 닭뼈가 가득한 채 엉망으로 되어 있는 쓰레기통을 분리수거하는 일까지 정말 지긋지긋했다.

그러던 와중에도 잠시 쉬는 시간에는 공원에 설치되어 있는 컨테이너 박스에서 책을 보았다. 그중 기억에 남는 책은 『백설 공주에게 죽음을』이라는 책과 기욤 뮈소의 『종이 여자』라는 책이었다. 『백설공주에게 죽음을』이라는 책은 정말 몰입해서 재미있게 보았고 『종이 여자』를 완독한 후에는 이 세상이 달리 보였다. 나는 수많은 소설을 읽었지만 사회복무요원을 하면서 보았던 이 두 소설이 가장 기억에 남는다. 당신 역시 당신의 '완소 소설'이 있을 것이다. 그 소설을 읽고 나서 세상이 달리 보였던 적은 없는가. 그렇다면 당신만의 그 즐거운 소설을 찾으라. 소설은 인생관을 바꿀 정도로 강력한 영향을 준다.

내가 또 좋아하는 작가는 일본의 기시 유스케이다. 기시 유스케는 주로 호러 작품을 많이 쓰는데 『악의 교전』, 『검은 집』, 『크림슨의 미궁』, 『천사의 속삭임』을 정말 재미있게 보았다. 나는 기시 유스케라는 작가를 통해 작가가 소설로서 독자를 만날 수 있다는 것이 얼마나 좋은 일인가를 알았다. 소설은 당신의 인생을 바꾼다. 좋아하는 작가가 있다면 그 작가의 소설을 다 읽어 보아라. 작가의 사상이나 철학은 자신의 사상이나 철학이 되고 이전보다 훨씬 더 성숙해질 수 있을 것이다.

# 사회복무요원을 하며 책을 보다

2년간의 사회복무요원 기간은 나에게 기회를 주었다. 근무를 마치고 나서 책을 봄으로써 글을 쓸 수 있게 되었고 이는 작가가 될 수 있는 계기를 마련해 주었다. 나의 첫 책은 사회복무요원을 하던 중에 나왔고 나는 베스트셀러를 꿈꾸었으나 안타깝게도 책의 판매는 부진했다. 하지만 책을 출간했다는 기쁨을 느낄 수 있었고 한동안 무엇을 해야 할지 몰라 방황하는 기간도 있었다.

그 당시에도 나는 세 군데의 도서관에서 책을 빌리면서 책을 맹렬히 보고 있었다. 직장이야 내가 일하던 학교로 돌아가면 되었고, 마땅히 돈은 별로 없었기에 책을 읽기에는 가장 적절한 환경이었다. 갈 직장이 있다는 점에서 나는 다른 사회복무요원과는 달랐고 미래 준비에 대한 부담은 적었다.

그래서 남은 시간을 모두 책 읽기에 바쳤다. 내가 지키던 공원에는 작은 어린이용 도서관이 있었는데 일반 성인용 책도 비치하고 있어서 그 책들을 읽으면서 시간을 보낸 적이 많다. 사회복무요원은 일주일에 5일을 일해야 하는데 주중에 이틀을 빼고 주말에 일하면서 공원을 지키는 역할을 하였다. 공원을 지키면서는 할 일이 없었기에 그 시간의 대부분은 책을 읽으면서 지냈던 것이다. 지금 생각해 보면 사회복무요원의 시간들은 내가 작가가 되는 데 매우 유익한 것들을 주었던 셈이다. 그 당시 읽었던 책 중에 가장 기억에 남는 책은 미치오 카쿠의 『마음의 미래』였다 매우 두꺼운 책임에도 불구하고 너무도 재미있어서 정신없이 읽었던 기억이 난다.

사회복무요원을 하지 않았더라면 그 책을 읽을 수 있었을까. 나는 면제를 받을 가능성이 있음에도 불구하고 사회복무요원으로 군대를 가게 되었는데 그 당시에는 매우 후회했으나 시간이 지나고 나서는 사회복무요원으로라도 근무하기를 잘했다는 생각이 든다. 그 당시의 힘든 시절이 있었기에 나의 인생은 한결 성숙할 수 있었고, 나름 힘들다고 볼 수 있는 교직 생활도 즐거운 마음으로 할 수 있었으니까 말이다.

# 시에 미치다

내 나이 26살쯤에는 문득 시가 내 곁에 찾아왔다. 시에 빠져 지낼 때는 시를 필사하며 하루 종일 시간을 보냈다. 내가 필사한 시가 약 1천여 편 정도가 된다. 그것은 워드로 친 글이며 내가 손으로 쓴 시까지 포함하면 2천여 편을 썼던 것 같다. 그렇게 열심히 필사하다 보니까 자연히 영감이 떠올랐고 부족하지만 내 자작시를 적어 보기도 했다. 그렇게 모은 자작시는 책 한 권 분량이 되어 나는 책을 출판해 시인으로 등단하기도 했다.

나중에는 한 잡지사에서 정식으로 등단하기도 했고, 한 단체에서는 신인 문학상을 수상하기도 했다.

시는 나의 상처를 치유해 주었다. 그리고 외로움을 달래 주었다. 나는 그렇게 이성 친구 대신에 시의 세계에 흠뻑 빠졌다.

내가 처음 했던 일은 세계의 유명 시를 담은 책을 구입하는 것이었다. 나는 초기에는 세계의 다양한 시에 빠졌는데 하이네의 시가 특히 마음에 들었다. 그래서 하이네의 시를 필사하며 즐거운 시간을 보내기도 하였다. 집에 있는 책 중에는 형이 산 현대 시를 설명해 주는 두꺼운 책 한 권이 있었는데 그 책을 보면서는 여러 한국 시를 다시 읽어 보면서 시간을 보냈다. 다시 읽는 한국 시는 수업 시간에 배웠던 것과는 느낌이 전혀 달랐다. 수업 시간에는 시를 분석하면서 보냈지만 내 주관에 따라 마음대로 시를 읽는 시간에는 그냥 시를 있는 그대로 느낌을 받아들이면서 읽었다. 좋으면 그냥 좋은 것이었고 좋지 않으면 그냥 좋지 않은 것이었다. 그렇게 나는 학교에서 배웠던 시의 분석법에서 벗어나 내 스스로 시를 읽을 수 있었다. 나는 현재의 시 교육이 잘못되었다고 생각한다. 그런 방식으로는 시인을 만들 수 없다. 진정 시의 세계에 빠지기 위해서는 자신 스스로 느끼는 대로 시를 바라보아야 한다. 그건 기존 해석과는 전혀 다를 수 있지만 시인은 바로 그렇게 만들어지는 것이다.

시인을 꿈꾼다면 수능을 준비하듯이 시를 바라보지 말라. 자신의 사상으로 시를 바라보아라. 그러면 당신도 이 시대를 같이 호흡하는 유명한 시인이 될 수 있을 것이다.

# 한 작가를 파라

책을 읽는 방법 중 하나는 한 명의 작가의 책을 다 읽는 방법이다. 이를 전작 독서라고 하는데 재미있을 뿐만 아니라 독서력과 글쓰기의 힘을 키워 주는 데 대단한 효과가 있다. 한 작가의 책이 모두 마음에 들 수도 있고 마음에 드는 책과 그렇지 않은 책이 있을 수도 있다. 하지만 중요한 것은 깊이 빠져 보는 것이다. 한 작가의 책을 모두 읽으면 한 사람이 가지고 있는 사상과 철학의 총체를 확인할 수 있다. 작가 한 명의 세계관을 나 역시 갖게 되는 것이다. 하지만 작가마다의 세계관은 다르기 때문에 또 다른 작가에게 빠져서 글을 읽다 보면 또 다른 하나의 세계가 있음을 알게 된다.

내가 빠졌던 작가는 헤르만 헤세, 오 헨리, 공지영, 이지성, 공병호, 혜민 등의 작가였다. 외국의 작가로는 헤르만 헤세와 오 헨리에 깊이 빠졌는데 헤르만 헤세의 『수레바퀴 아래서』는 시간이 가는 줄 모르고 여러 번 반복해서 보았다. 그리고 오 헨리의 단편선은 얼마나 기가 막히게 재미있게 잘 쓰여 있던지 반복해서 보았던 기억이 있다. 국내 작가로는 공지영의 산문집을 다 찾아 읽어 보았고 이지성 작가와 공병호 작가의 글역시 대부분 읽어 보았다. 최근에는 혜민 스님의 글을 읽었는데 쉬우면서도 따뜻한 마음이 담겨 있어서 좋았다.

이처럼 한 작가의 책을 다 읽게 되면 독자 역시 한 분야에 관해서는 전문가가 될 수 있다. 그러므로 책 읽기의 초보자이든 고수이든 전작주의 독서를 하기를 추천한다.

# 16

# 책은 무료할 때 읽어라

책은 무료할 때 읽으면 좋다. 책을 가지고 다니면서 심심할 때마다 책을 읽어라. 스마트폰을 하는 것보다 유익하다. 내 초기의 독서도 그랬다. 할 일 없고 심심할 때마다 책을 읽었다. 책을 본 이유는 재미있었기 때문이었다. 나는 책이 재미있어서 읽었다. 초등학교 때 나는 몸이 약해 집안에 있는 경우가 많았는데 그때마다 지루함을 느꼈다. 그래서 내 책꽂이에 있는 책을 빼서 읽었다. 그 당시에 그렇게 많은 책이 없었기에 책을 보고 또 보고 반복해서 보았다. 반복해서 보았는데도 재미가 있었다. 사회복무요원을 하던 시절에도 무료한 시기가 많았다. 물론 힘든 일도 많았지만 비가 오거나 하면 쉴 때도 많았다. 그때 스마트폰도 많이 했지만 책을 읽으면서 시간을 보낸 적이 많았다. 책은 나의 무료함을 달래 주었고 내 재미있는 게임이었다. 나는 게임을 하듯이 책을 읽었다. 게임이 재미있듯이 책도 그러하다. 게임이 하면 할수록 재미있듯이 책도 읽으면 읽을수록 재미가 있다. 무료함을 달래 주는 데는 역시 책이나 게임보다 더 좋은 것도 없을 것이다. 그런데 책은 자기계발도 되기 때문에 게임보다도 더 좋은 것이다. 내가 작가가 된 이후로는 내가 내는 책들도 다른 책들과 마찬가지로 독자에게 즐거움을 주었으면 하는 바람이 있었다. 나는 한동안 쾌락 독서를 즐겼지만 20살 이후로는 성공하고 싶어졌다. 그래서 그때부터는 성공 독서를 하였다. 성공하기 위해 자기계발류의 책을 많이 읽었던 것 같다. 그 책들은 나의 성공에 많은 도움을 주었고 성공 독서라는 이름에 걸맞게 성공을 이룰 수 있었다. 그 이후로 내가 찾은 독서는 행복 독서이다. 내가 지금 책을 읽는 이유는 행복하기 위해서이다. 책을 읽는 시간이 행복하고 행복해서 책을 읽는다. 이제야 나는 진정으로 책을 읽는 이유를 찾아낸 기분이다. 나는 더 이상 다른 방식으로 책을 읽으라는 이야기에 수긍을 하지 않는다. 내가 책을 읽는 이유는 오직 행복하기 위해서이다. 행복한 독서를 하다 보면 자연히 성공하는 독서를 하게 된다. 성공해서 행복한 게 아니라 행복해서 성공하는 것이다.

# 17
# 대형 서점을 활용하라

앞서 나는 중고 서점을 이용하라고 했다. 중고 서점은 추억이 담긴 공간이다. 그에 비해 대형 서점은 최신 책이 모두 있기에 책을 보기에는 가장 좋은 공간이 아닐까 싶다. 가장 신선한 느낌을 주는 곳이기 때문이다. 요즘 들어서는 대형 서점에는 책을 볼 수 있는 공간을 마련해 일종의 도서관 느낌이 든다. 그렇게 공간을 마련한 것은 책을 보고자 하는 소비자를 배려하기 위해서라고 생각한다. 그렇게 구성하고도 수익이 나기에 그렇게 구성한 것일 터이다. 대형 서점이 많아지면서 중소 서점이 죽어 간다는 기사를 본 적이 있다. 안타까운 일이지만 대형 서점의 쾌적한 공간에 비하면 작은 서점들은 책의 종류도 적을뿐더러, 책을 자유롭게 읽을 수 있는 공간도 배려하지 못한다는 단점이 있다. 물론 참고서 같은 것을 살 때는 중소 서점을 이용해도 좋겠지만 신간을 살펴볼 때는 대형 서점을 가는 것이 유리하다.

대형 서점에 갈 때는 경제적 능력만 있다면 보이는 신간 서적들을 쓸어 담아라. 그렇게 담은 책들은 투자가 되어 더 크게 당신에게 보답을 해 줄 것이다. 지금이 아니면 또 책은 바로 새로운 신간으로 채워지기 때문에 그 당시가 아니면 놓치게 될 책들도 많다. 책을 사는 것은 소비가 아니라 투자이다. 저축이 수비적인 것이라면 투자는 공격적인 것이다. 책을 사들임으로써 적극적으로 자신에게 투자하라. 아마도 당신은 책값의 갑절이나 되는 보상으로 자신에게 돌아온다는 것을 체감하게 될 것이다.

요즘 들어서는 인터넷 서점으로 많은 책들이 소비된다. 인터넷 서점의 장점은 신속하게 배달되고 할인이 된다는 점이다. 그리고 포인트도 쌓인다. 포인트는 대형 서점도 쌓이는 것이지만 더 가격이 저렴하다는 게 인터넷 서점의 장점이다. 하지만 인터넷 서점은 미리 책을 살펴볼 수 없다는 점이 치명적인 단점이다. 책을 잘못 구매할 확률이 더 크다는 것이다. 나 역시 대형 서점에서 구매한 책들은 실패가 거의 없었으나 인터넷 서점으로 구입한 책의 대다수가 내 취향과 맞지 않아 읽지 않고 집 안에 쌓아 두는 책이 되었다. 그러므로 책은 직접 가서 사는 것이 가장 좋다고 생각한다.

　내가 가장 자주 갔던 곳은 광화문의 교보 문고였다. 지금은 내부 인테리어가 바뀌어서 더욱 좋은 공간이 되었지만 대학교 때만 해도 가장 넓고 쾌적하고 책이 가장 많은 곳이었다. 그곳에 쓰여 있는 말이 있다. '사람이 책을 만들고 책이 사람을 만든다'. 나는 그 말을 마음 깊숙이 새겼었다.

## *18*
# 독하게 몰두하라

책으로 인생을 바꾼 사람들은 취미로 책을 읽지 않는다. 그들 중 대다수는 지독하게 책에 매달렸다. 역사적 인물로는 체 게바라, 세종대왕, 니체, 아리스토텔레스, 소크라테스, 모택동, 나폴레옹 등을 들 수 있다. 그들은 책에 미쳤기에 역사에 자신의 이름을 남길 수 있었다.

독하게 본다는 것은 일단 책 읽는 시간에 투자한 시간의 양을 의미한다. 그들은 어릴 때부터 책 보는 데 시간을 많이 투자했기에 성인이 된 이후에 자신의 꿈을 펼칠 수 있었다. 책 읽는 시간은 미래에 대한 투자이다. 어릴 때부터 책을 많이 읽은 사람은 커서 위인이 된다. 책의 힘은 보통 사람을 위인으로 만드는 그런 능력이 있다.

두 번째는 책의 양을 의미한다. 위인이 된 사람들은 책을 보는 시간도 많지만 그 양도 어마어마하다. 나폴레옹의 경우 평생 동안 8천여 권의 책을 읽었고, 세종대왕의 경우 백독 백습이라고 하여 한 책을 1백 번씩이나 읽기도 하였다.

나 역시 대학생이 된 이후부터 독하게 책을 읽었다. 나의 학점은 형편없었는데 학교 공부를 하지 않고 오직 책만 보았기 때문이었다. 그 당시의 나를 보고 쓰레기라고 말할 사람이 있었을지는 모르겠지만 지금의 나를 보고는 아무도 그런 말을 하지 못할 것이다. 나는 임용고시도 합격해 정식으로 교사 발령을 받았으며, 책도 20권 가까이 낸 작가이기 때문이다. 그 모든 것은 내가 독하게 책을 보았기에 가능한 일이다.

이는 꼭 책만이 아니다. 누구든지 자신의 분야에 독하게 몰두하면 성공할 수 있다. 나는 수많은 책을 통해 그들의 이야기를 접했고 누구나 독하게 몰두하면 크게 성공할 수 있다는 진리를 알려 주기 위해 다시 책을 쓰고 있다.

『20대 나만의 무대를 세워라』를 쓴 인기 토익 강사 유수연은 다음과 같이 말한다.

무엇을 해야 할지 모르겠다는 친구들이 제일 한심하다. 일단 움직여라. 사진을 배운다면 사진 아르바이트도 뛰고, 경력도 쌓고, 동호회도 나가고, 공모전에도 도전해라. 그저 방 안에서 인터넷만 뒤지고 있지 말라. 그리고 내가 선택하지 않은 길을 기웃거리지 마라. 내가 가지 못한 길에는 항상 미련이 남는다. 그 미련에 흔들리면 결국 어떤 길도 내 것이 될 수 없다.

2년, 어찌 보면 상당히 짧은 기간이다. 그런데도 대부분의 20대는 그 2년을 독하게 버티지 못한다. 갖가지 변명으로 스스로에게 면죄부를 주며 항상 흐지부지하게 끝낸다. 내가 말하는 2년은 그 어떤 핑계도 동반하지 않은 2년이다. 적어도 2년은 흐트러지지 않고 한결같이 몰두해야 제대로 된 30대를 시작할 수 있다.

독함을 강조한 유수연 씨의 말은 이 시대의 젊은이들에게 가장 알맞은 조언이 될 것이다.

# 19
# 독서하면 좋은 점들

독서를 하면 뭐가 좋을까. 왜 어른들은 독서를 하라고 하는 것일까. 이에 대한 대답은 이미 나와 있다. 독서는 여러 가지에 좋다. 지금부터 그 장점들에 대해 설명하고자 한다.

첫째, 독서를 하면 머리가 좋아진다. 독서를 하면 머리가 좋아진다. 독서를 하면 전두엽이 활성화된다는 연구 결과가 있다. 두뇌 활동이 활발해지는 것이다. 그러므로 독서를 하면 머리가 좋아지는 것이다. 머리가 좋으면 공부도 잘할 것이고, 다른 무엇을 하든지 최고의 자리에 오르게 할 것이다. 그러므로 어릴 때 독서를 해라. 평생 좋은 머리로 살 수 있는 것이다.

둘째, 독서를 하면 지식이 는다. 머리 좋음, 컴퓨터로 치자면 단순히 CPU의 기능만 발달하는 것이 아니다. 그 안에 들어 있는 내용물이 달라지는 것이다. 텅텅 비어 있는 하드처럼 머릿속이 텅텅 비어 있는 사람들이 많다. 하지만 독서를 하면 꽉 찬 하드처럼 머릿속에 지식들이 가득차 있다. 어른이 되어 도서관이 머리에 들어 있는 사람을, 책꽂이 하나 분량의 책이 머리에 들어 있는 사람은 결코 이기지 못한다.

셋째, 독서하면 한층 훌륭한 사람이 된다. 독서를 하면 위인이 된다고 말하고 싶으나 그렇지 않은 경우도 가끔 있기에 훌륭한 사람이 된다고 말했다. 독서를 하게 되면 마음이 발달하고 두뇌가 발달해 그 사람의 미래가 밝아진다. 결국 훌륭한 사람이 되는 것이다. 문학을 읽다 보면 다른 사람들을 잘 배려하고 이해하게 되고 인간에 대한 이해를 높일 수 있다. 당연히 사회생활을 잘하게 되고 성공하게 되는 것이다. 어느 특정 분야에 대한 전문 지식은 전문가를 만들어 주는데 독서광들은 특정 분야의 전문가가 될 수 있기에 보다 성공한 사람이 될 수 있는 것이다.

이처럼 독서에는 많은 장점이 있다. 이 같은 장점을 머릿속에 잘 담아 두었다가 독서가 힘들 때마다 떠올리면서 독서를 계속하라. 독서를 하면 처음에는 별로 변화가 안 보일지 모르지만 1년, 2년, 10년이 지나면 이전과는 완전히 다른 사람이 된다.

## ∷ 그 밖의 좋은 점들

독서를 하면 좋은 것은 세상에 대한 이해의 폭이 넓어지는 것이다. 우리는 골방에 갇혀 있을 수도 있지만 책이 있다면 세상 구석구석 탐험할 수도 있다. 그것은 간접 지식이나 때로는 직접 현장을 가는 것보다 더 깊은 이해를 갖게 되는 경우도 있다. 그것이 책의 기적이다.

책을 통해 세상이 넓다는 것을 안 사람은 자만하지 않는다. 세상이 넓다는 것을 알았기에 오만하지 않고 세상 속의 인물이 되기 위해 준비한다. 이른바 이런 사람들은 결국 세상 속에 일꾼으로 쓰임받는다.

나 역시 대학교 때 내 자취방에 홀로 있었지만 쓸쓸하거나 외롭지만은 않았다. 그 이유는 책이 있었기 때문이었다. 책은 나의 사고 지평을 넓혀 줬고 내 생각의 크기를 크게 했다. 나는 작은 방구석에 앉아 있었으나 세상을 향해 나아갈 준비를 하고 있었다. 많은 작가들이 지금도 자신의 작은 방 한구석에 앉아 글을 읽거나 쓰면서 살아가고 있을 것이다. 그들의 인생이 밝은 이유는 자신만의 세계를 구축하고 있기 때문이다. 언젠가는 자기가 구축한 세계를 가지고 세상에 뛰어들어 의미 있는 족적을 남길 것을 믿는다.

## 20
# 지하철에서 독서하라

내가 가장 책을 많이 읽었던 장소는 카페도 집도 아닌 다름 아닌 지하철이다. 나는 지하철을 이용해 한 시간 거리의 영어 학원을 갔다. 지하철 안에서 나는 책을 읽었다. 신기한 것은 가장 집중이 잘되는 장소가 바로 지하철 안이라는 것이다. 사람들이 많을 때도 있지만 그런 것은 전혀 눈에 들어오지 않는다. 오직 책과 나 자신만이 있을 뿐이다. 아마 지하철에서는 할 일이 없고 지루하기 때문에 책에 쉽게 빠져드는 것 같다. 많은 사람들이 아마 지하철에서 스마트폰을 할 것이다. 하지만 지하철에서 독서가 정말 쉽게 잘된다는 사실을 안다면 독서도 하지 않을까 하는 생각이 든다. 나는 지하철에서 정말 많은 책을 읽었다. 몰입도가 높아 책 읽는 속도도 빨랐고 책 내용에 정신없이 빠져들다 보면 목적지에 도착하여 급하게 내린 적이 여러 번 있다. 때로는 역을 통과한 적도 여러 번 있어 지하철에서 독서하기가 겁났던 적도 있다.

지하철에서 스마트폰을 한다면 시간을 소비하게 된다. 하지만 책을 본다는 것은 하나의 투자 행위이다. 지하철에서 책을 보면 그것은 투자 행위가 되어 나중에 더 크게 내게 돌아온다. 부자가 되려면 투자를 해야 한다는 말이 있다. 하지만 가장 좋은 것이 바로 교육에 대한 투자이다. 교육의 기본은 무엇인가. 그것은 바로 책을 통한 독서가 아닌가. 그래서 책을 읽는 행위는 가장 효과 빠른 투자법인 셈이다.

지금도 대박을 노리며 주식에 돈을 투자하고 부동산을 쫓아다니는 사람이 있을 것이다. 하지만 진정으로 저위험 고수익을 올릴 수 있는 길은 책과 공부에 투자하는 것이다. 이를 안다면 우리는 스마트폰을 치우고 더욱더 독서에 몰입해야 한다. 나는 독서가 좋다는 것을 구구절절이 말하고 싶지는 않다. 왜냐하면 우리는 그것을 이미 알고 있기 때문이다. 다만 실천이 안 되는 것뿐이다. 그러므로 지하철에 탈 때는 책을 2~3권 정도 가지고 다녀라. 2권 이상 가지고 다녀야 하는 이유는 하나의 책이 재미가 없을 때가 있기 때문이다. 그럴 때는 다른 책을 읽고 그 책이 지겨워지기 시작하면 이전의 책으로 돌아가 돌려가며 읽는 식으로 지루함을 덜고 책들을 다 읽을 수 있다.

출퇴근 지하철 시간을 낭비하지 말자. 그 시간에 책을 봄으로써 자신에게 투자하자. 독서를 잘하는 하나의 비법이다.

# 21
# 책은 더럽게 보라

책을 보는 이는 크게 두 부류로 나뉜다. 책을 깨끗이 보는 사람과 책을 지저분하게 보는 사람이 그것이다. 책을 지저분하게 본다는 것은 이물질을 묻힌다는 것이 아니다. 연필과 펜, 형광펜으로 밑줄을 긋거나 색칠하거나 메모하면서 본다는 뜻이다. 책을 여러 사람이 보는 것이라면 깨끗이 보는 것이 맞다. 책을 신성히 여기고 깨끗이 봐서 남들도 볼 수 있게 하려는 아름다운 마음씨를 가진 깨끗이 보는 부류의 마음을 이해한다. 하지만 도서관에 빌리지 않고 가족이 돌려보지도 않고 오직 자신만 보는 책이라면 마음껏 선을 긋고 메모를 하면서 보는 편이 자신의 발전에 도움이 된다. 공부할 때도 우리는 기본적으로 밑줄을 긋거나 쓰면서 하지 않는가. 그것은 다 기억에 도움이 되려고 하는 일들이다. 우리가 책을 볼 때에도 시험 볼 때처럼 그렇게 열심히 보면 그 책은 우리 뇌리에 더 잘 기억되고 더 발전된 생각을 끄집어내게 되어 우리의 인생을 바꾸게 된다.

나는 독서 토론에 참여한 바 있다. 직장을 가진 후 뭔가 삶을 바꿔 보고자 독서 토론에 참여했는데 참여자 중 한 명이 책에 포스트잇을 붙이고 여러 가지 표시를 하면서 열심히 보는 것을 보았다. 순간 존경심이 들면서 저렇게 책을 볼 때 노력을 하는 사람도 있다는 것을 알게 되었다. 사실 소설책 같은 경우 그렇게 보는 경우가 별로 없다. 다만 인물이 헷갈릴 때 가계도를 그려본다는 식으로 이해를 도와줄 수 있는 메모를 적어가면서 보면 이해가 쉽다.

하지만 자기계발 서적이나 인문서 혹은 경영서 같은 경우 메모나 표시를 해 가면서 보면 이해하기도 쉽고 자신의 의문점이 있는 부분이나 외워야 할 부분을 표시할 수 있어서 나중에 확인하기가 쉽다.

나 역시 책에 밑줄을 긋는 편인데, 가끔 예전에 봤던 책들을 한꺼번에 볼 때가 있다. 그럴 때는 주로 밑줄 그었던 부분만 다시 읽으면 책의 내용을 순식간에 확인할 수 있어서 좋다. 그리고 나는 대부분의 내용의 요약본을 블로그에 올려놓기 때문에 블로그만 확인해도 예전에 봤던 책을 떠올릴 수 있다. 당신 역시 독서의 효과를 높이고 싶다면 책에 여러 가지 표시를 하면서 보라. 보다 효과적으로 책을 이해할 수 있을 것이다.

## 22
# 아침 30분을 활용하라

나는 앞서 퇴근 후 3시간을 이용하라고 하였다. 하지만 여러 성공한 작가들이 하나같이 아침 시간을 활용하라고 했기에 나를 바꾸기로 하였다. 그래서 아침에 일찍 일어나 30분 독서를 시작했다. 나의 일과는 아침에 일어나 파리 바게트로 향하는 것이었다. 거기서 커피를 주문하고 30분간 꼬박꼬박 책을 읽었다. 그러자 하루의 아침이 새롭게 시작되기 시작했다. 그리고 내 인생에 희망이 보이기 시작했다. 그렇다. 꼭 1시간이나 더 많은 시간을 할애해야 하는 것이 아니었다. 단지 30분만이라도 독서를 하다 보면 인생이 바뀌는 것이었다.

나는 거기서 자극받아 퇴근 후 30분도 꼬박꼬박 책을 읽기 시작했다. 그렇게 나는 내 삶을 바꿨다. 직장 생활에 전전긍긍하던 사람에서 직장 생활도 잘해 내고 책도 열심히 읽어 나가는 그런 사람으로 탈바꿈된 것이다.

여기에서 중요한 것은 책은 사서 보라는 것이다. 책을 사서 봐야 메모와 필기하기가 좋고, 가지고 다니기에도 부담이 없다.

아침 30분 독서로 나는 그렇게 내 꿈에 다가가고 있었다. 나는 앞으로도 아침 30분 독서를 계속할 작정이다. 그것은 내 삶을 바꾸겠다는 각오이며, 실제로 일어나고 있는 현상이기도 하다.

자신의 인생을 바꾸고 싶은 사람이 있는가. 그렇다면 아침 30분 독서를 시작하라. 자신의 삶을 바꾸게 될 것이다.

## ⁑ 아침 30분 독서는 자세를 바꾼다

지식은 무한한데 책을 읽어 봐야 얼마나 많은 지식을 얻겠는가. 지혜도 마찬가지이다. 사람들에게 얻는 게 많다. 그럼에도 독서를 해야 하는 이유가 무엇일까. 그 이유는 바로 독서가 자세를 바꾼다는 데 있다. 아침 30분 독서만 해도 자세가 바뀐다. 죽도록 가기 싫은 직장에서 기대되는 공간으로 탈바꿈된다. 그것은 바로 독서를 했기 때문이다.

안중근은 말했다. "하루라도 책을 읽지 않으면 입안에서 가시가 돋는다". 나는 이 말을 이해하지 못했다. 하지만 최근 들어 이 말을 이해하게 되었다. 책을 보지 않으면 사람들이나 환경에 대해 나쁜 점만 보게 된다. 욕이 나오고 비판이 끝없이 이어진다. 하지만 책을 보면 주위 사람이나 환경에 긍정적인 자세가 생긴다. 인격자로 탈바꿈되는 것이다. 지금부터 책을 읽자. 그리고 독서의 효과를 경험하자. 그 독서의 효과는 많은 사람들이 이미 체험한 것이기도 하다. 이제 당신 차례이다.


## ⁑ 아침 30분 독서는 어렵지 않다

아침 30분 독서는 어렵지 않다. 단지 아침에 30분만 일찍 일어나면 되는 것이다. 집에서 책을 읽으면 되는 것 아니냐는 말을 할 사람도 있을 것이다. 나 같은 경우 집에서는 도무지 책이 읽어지지 않았다. 잠자리 바로 옆에 컴퓨터와 책상이 있었기에 다시 잠자리로 파고들어가 시간을 채워 자는 날이 많았다. 그래서 필요한 것이 장소의 이동이다. 이게 중요하다. 장소가 바뀌면 책을 대하는 자세도 바뀐다. 카페 같은 공간이 책을 읽는 장소로 유용하다. 커피값이 비싸다고 생각되는가. 그렇지 않다. 하루 30분 독서로 인생을 바꿀 수 있다면 고작 30분 일찍 일어나는 괴로움과 커피값은 능히 지불할 만하다. 어느 것이든 공짜로 얻을 수 있는 것은 없다. 지금 바로 30분 독서로 효과를 체험하라. 그 길은 알람을 30분 일찍 맞추는 일로부터 시작된다. 하루에 2~3시간씩 일찍 일어나는 것은 하루에 피곤을 더하나 30분이라면 육체나 정신에 부담을 지우지 않고 실천 가능하다. 지금 실천하라.

# 메모하기와 서평 쓰기

마지막으로 독서 방법론에 대해 말하고자 한다. 내가 추천하고 싶은 방법은 메모하기와 서평 쓰기이다. 메모하며 독서하면 책과 대화하듯이 읽을 수 있다. 아는 것은 더 심도 있게 알아가고 모르는 것은 분명히 알수 있다. 그래서 메모하며 독서하면 기억에도 오래 남고 실천으로 이어지게 된다.

또 하나는 서평 쓰기이다. 중요한 부분을 요약정리하고 이에 대한 생각까지 써서 독서 노트를 만들어라. 손으로 쓰기 힘든 사람은 워드로 써도 된다. 이것을 블로그에 올리면 완벽한 독서 감상 시스템이 마련되는 것이다. 서평으로 올리면 그것은 또다시 대화의 도구가 된다. 누군가 내 서평을 보고 자신의 의견을 쓰고 이에 대해 나는 또 내 생각을 올린다. 책을 분석적이고 총체적으로 여러 번 다시금 확인할 수 있고 책에 대한 이해도 깊어진다. 그리고 그 서평들이 잘 쓰인다면 책으로 출간할 기회까지 얻게 된다.

이처럼 메모하기와 서평 쓰기는 좋은 독서 후 활동이다. 독서 전에는 목차 보기와 서문 보기, 독서 중에는 질문하기와 메모하기, 독서 후에는 서평 쓰기 활동을 하는 것이다. 이 같은 활동을 통해 당신의 독서는 한 단계 더 발전하게 될 것이다.

# 문제는 열정이다

독서를 하는 데 가장 필요한 것은 무엇일까. 나는 열정이라고 생각한다. 내 안에는 열정이 끓고 있다. 20대부터 나는 열정이 끓었지만 30대가 된 지금 더 심하게 끓는다. 나는 무언가를 해 내고 싶었다. 그러기 위해 선택한 것이 독서였다. 나는 열정적으로 독서를 하였다. 그리고 그것이 내 삶을 바꾸어 놓았다. 당신에게도 열정이 있을 것이다. 20~30대가 열정이 없다는 것은 말이 안 된다. 일본에는 사토리 세대라고 해탈한 세대가 있다고 한다. 하지만 그것은 일본의 사정일 뿐이다. 우리나라 젊은이들은 이들을 닮아서는 안 된다고 생각한다. 누구나 한 번 태어나는 것이다. 한 번뿐인 인생에서 정말 행복하고 정말 성공하고 싶지 않은가. 다른 누구는 어떻게 생각할지는 모르지만 난 정말 성공하고 정말 행복한 인생을 살고 싶다. 난 한 번뿐인 인생을 다 완전히 태워 버리는 완전 연소를 하고 세상을 떠나고 싶다. 그 인생을 위해 나는 열정적으로 뛰어다녔다. 내가 한 권의 책이라도 낼 수 있었던 이유는 오직 나의 열정 때문이었다. 당신도 당신의 삶에 열정을 가져라. 그리고 그 열정을 독서에 바쳐 보라. 당신의 독서는 그 열정의 배로 당신에게 좋은 일을 갚아줄 것이다. 당신 역시 승승장구한 삶을 살 수 있을 것이다. 이것은 모든 독서에 미친 사람들의 특징이자 공통점이다.

# 실용 독서는 발췌독을 하라

문학을 읽을 때는 처음부터 끝까지 읽어야 한다. 그래야 스토리가 이어지고 이해할 수 있기 때문이다. 또한 감동을 온전히 느낄 수 있는 방법이기도 하다. 하지만 일반의 실용적인 내용을 담은 책이라면 발췌독을 해야 한다. 발췌독이란 읽고 싶은 부분만 골라 읽는 것을 말한다. 책을 사거나 빌렸으면 맨 처음 목차를 보라. 목차에서 보고 싶은 부분, 궁금한 부분, 의문 나는 부분을 골라 체크하라. 그리고 그 부분을 살펴보라. 이 같은 방법으로 책 전체를 볼 필요가 없으며 내게 도움이 되는 핵심 부분만 골라 볼 수 있다. 이 같은 방법을 통해서 베스트셀러 작가가 된 저자도 많이 있다. 자신이 필요한 부분만 골라 보았더니 시간도 절약되고 효과가 더 높아서 직장에서나 작가로서나 더 성공적으로 살아갈 수 있었다는 것이다. 당신이 수능을 가르친다고 하자. 처음부터 끝까지 세심하게 가르쳐야 할까. 시간이 충분하다면 그럴 수 있다. 하지만 시간이 부족하다면 핵심만 찍어 주는 그런 방식으로 가르쳐야 한다. 발췌독은 핵심만 찍어서 배우는 것이다. 내가 모르는 부분만 골라 읽는 것이다. 그렇기에 효과가 빠르고 직접적이다. 당신의 독서가 발전이 없고 시간이 많이 걸린다면 발췌독을 하라. 보다 향상된 독서가 될 것이다.

## 26
# 도서관에 놀러 가자

　나는 늘 도서관에 놀러 가는 기분으로 간다. 어떤 책이 있는지 확인하고 꺼내서 잠깐 읽어도 보고 의자에 앉아서 쉬기도 한다. 요즘 도서관은 리모델링이 되어 카페처럼 구성되어 있는 경우도 많다. 도서관에 가는 것이 휴식이자, 힐링이고 놀이가 된 것이다. 이런 도서관에는 자녀와 함께 가는 것도 좋다. 도서관에는 어린이실이 따로 있기에 어린이들이 읽을 책도 도서관에는 가득하다.

　도서관에 공부를 하러 간다고 생각하면 부담되고 머리도 아파 온다. 그리고 가기가 싫어진다. 하지만 놀러 간다고 생각하면 어떤가. 언제나 즐거운 마음으로 갈 수 있다. 책 읽는 것도 그렇다. 공부라고 생각하면 머리가 아프고 하기가 싫어진다. 그래서 자기와 수준이 맞지 않는 어려운 책은 멀리해야 한다. 즐겁게 읽을 수 있는 가벼운 책들을 읽자. 그리고 놀이처럼, 힐링처럼 도서관을 활용하자. 이렇게 한번 습관이 들면 언제나 즐거운 마음으로 퇴근 후나 주말에 도서관을 찾아갈 수 있다. 그리고 습관이 되면 차츰 책의 수준과 종류를 늘려가는 것이다. 이 방법으로 나는 많은 책들을 읽을 수 있었고 이 방법이 여러 독서를 하고자 하는 사람에게도 도움이 될 것을 믿는다.

# 베스트셀러로 시작하라

베스트셀러는 베스트셀러만의 이유가 있다. 많이 팔린 책은 그만큼 읽기 쉽고 시대를 잘 파악하고 있으며 도움이 된다는 뜻이다. 그러므로 독서의 시작은 베스트셀러로 하는 것이 좋다. 시중의 베스트셀러를 많이 구입하라. 대부분 읽기 쉽고, 이해하기도 쉬울 것이다. 그리고 도움이 많이 된다. 그리고 나서 자기만의 주관이 생기면 다양하게 여러 책을 사서 읽어 나가는 것이다.

나 역시 독서의 시작은 베스트셀러로 했다. 여러 책을 살 수 있는 형편이 아니었기에 베스트셀러를 먼저 샀고 많이 반복하면서 그 책들을 읽어 나갔다. 유명한 책은 유명한 이유가 있기 마련이다. 많은 사람이 본 영화가 실패가 적고 재미가 있듯이 책도 마찬가지이다.

물론 고전이나 꼭 필요한 실용 서적과 같은 책은 별로 안 팔릴 수도 있다. 하지만 그런 책들은 유익하다. 이런 책들은 읽기 습관이 확립된 이후에 차근차근 읽어 나가면 될 것이다.

무조건 베스트셀러를 비판하는 사람도 있다. 하지만 나는 베스트셀러에 긍정적인 편이다. 물론 별로 좋지 않은 내용인데도 베스트셀러가 되는 경우가 있다. 그런 책을 알아보는 눈을 가지기 위해서는 독서의 연차가 꽤 쌓여야 될 것이다.

매일 독서하는 습관을 갖고자 하는 이들이여, 베스트셀러를 펼쳐 들자. 베스트셀러는 읽는 사람이 많기 때문에 그 책을 가지고 주위 사람들과 토론을 할 수 있다는 장점도 있다. 자신만 읽는 1차 독서에서 벗어나 같이 읽는 2차 독서도 가능하다는 것이다.

나 역시 블로그를 통해 베스트셀러에 관해 같이 이야기를 나누어 보는 시간을 가질 수도 있었다. 이른바 서로 이야기할 소재가 생기는 것이다.

주위 사람들과 소통하고 싶다면 최신의 것들에 대해 관심을 갖자. 그 쉬운 방법 중 하나는 베스트셀러를 읽는 것이다.

# 독서 토론을 하라

나는 오랜 시간 혼자 독서를 해 왔다. 그러다 보니 읽는 책의 분야가 좁아지고, 읽는 분야만 읽는 상황이 발생했다. 독서의 폭이 좁아지고 시야도 넓어지지 않게 된 것이다. 나는 나의 독서를 확장시키고 더 넓은 사유를 갖기 위해 독서 토론에 나가기로 하였다. 나는 인터넷 검색을 통해 시중의 독서 토론 모임을 두 군데를 알아내고 주말에 참여했다.

처음 독서 토론은 『1984』를 가지고 토론을 했다. 서너 명이 모여서 토론을 했는데 같은 책을 가지고 이야기를 나눈다는 점이 재미있었다. 각자의 생각이 다르고, 또한 같은 부분도 있다는 것이 신기하고 즐거운 경험이었다. 또한 책을 좋아하는 사람끼리 모이니 왠지 고독한 독서가에서 벗어나 동지가 생긴 기분이었다.

2차 독서 토론 모임은 다른 모임에서 했는데, 『지적 자본론』을 가지고 토론했다. 나는 여기서 여러 사람을 만날 수 있다는 것이 좋았다. 한 사람과 토론하고 나서는 그녀가 큰 인물이라는 것을 알았다. '세상에는 독서 고수도 많고 큰 인물도 많구나'라는 것을 깨달았다.

당신 역시 자신만의 폭 좁은 독서에서 벗어나 큰 인물이 되고자 한다면 독서 토론 모임에 참여하라. 같이 책을 읽는 즐거움을 얻을 뿐만 아니라 친구가 생기고 책에 대한 이해도 깊어지는 유익한 시간이 될 것이다.

# 영화 대신 책을 보라

한국인은 영화를 좋아한다. 1천만 관객을 넘어가는 영화도 해마다 종종 나온다. 한 달에 책 한 권을 안 읽으면서 영화를 서너 편 보는 사람도 있다. 하지만 나는 영화보다 책을 보라고 권한다. 물론 영화가 보기 더 편하고 휴식을 취하기에도 좋다. 하지만 책을 읽었을 때의 유익함을 따라갈 수는 없다고 생각한다. 영화 한 편과 책 한 권은 가격이 비슷하다. 하지만 지식을 얻는 효율성 면에서는 영화가 책을 따라갈 수는 없다.

영화를 많이 보아서는 인생이 변하지 않는다. 간혹 영화 평론가와 같은 직업을 갖게 되는 경우도 있으나 대개 흥미나 취미에 그치고 만다. 하지만 책을 읽을 경우 직접적으로 업무에 도움이 될 뿐만 아니라, 작가로서의 삶도 가능해진다.

하지만 영화가 유익한 점도 있다. 책으로 읽었던 소설이 영화화되는 경우도 있다. 그럴 경우 많은 기대를 가지고 영화를 보게 된다. 책에 나온 내용이 어떻게 영화로 구현되었을지 궁금하기 때문이다. 반대로 영화로 나온 것이 책으로 나오는 경우도 있다. 보통의 경우 책이 영화화되었을때는 실망하는 경우가 많다. 책으로 읽었을 때의 상상과 영화가 다르기 때문이다.

그래도 영화와 책을 비교하는 재미가 쏠쏠하다.

영화 보기는 좋은 취미이다. 당신의 좋은 취미 생활을 뺏을 생각은 없다. 하지만 직장에서 살아남아야 하는 직장인이라면 오늘 밤부터는 영화 대신 책을 보자. 책을 통해 얻은 지식과 지혜로 당신의 직장에서 최고의 인재가 되어라. 직장에서는 책이 영화보다 강하다.

# 한 주제 백 권 읽기로 두뇌에 고속도로를 뚫어라

한 분야에 관한 책을 1백 권 정도 읽으면 두뇌에 고속도로가 뚫린다. 그 분야에 대해 훤해지는 전문가가 된다는 뜻이다. 그러므로 1백 권 읽기로 두뇌에 고속도로를 뚫어라. 한 분야 1백 권 읽기라니 어마어마하다는 생각이 들 것이다. 하지만 실제로 해 보면 그렇게 어렵지 않다. 왜냐하면 각각의 책이 다 다르지 않기 때문이다. 책을 읽다 보면 중복되는 부분이 많다. 목차나 내용이 비슷한 경우도 많다. 처음 10권을 읽을 때는 힘이 들지만 20~30권 읽고 나면 나머지 책들은 술술 넘어간다. 이미 읽었던 내용이 대부분이기 때문이다. 그러므로 20권 이후부터는 새로운 부분의 내용만 체크해 가면 된다. 이때 효과를 발휘하는 게 앞서 말한 발췌독이다.

책 100권 정도면 도서관의 한쪽 책꽂이의 위부터 아래에 해당한다. 그 분야에 있는 책을 전부 읽는 것이다. 나는 이 같은 방식으로 독서법 책을 읽었고 내 책 『100인 100색 독서법』이 이북으로 나올 수 있었다. 이 책을 쓰기 위해 나는 또다시 독서법, 공부법, 글쓰기 책을 읽었다. 이번에는 서점에 있는 한 책꽂이의 책을 대부분 구입해서 읽어 보았다.

그렇게 해서 두뇌에 고속도로가 뚫리면 이제 자신의 업무에 전문가가 된다. 어떤 경우도 막힘없이 문제 해결을 해 나갈 수 있는 것이다. 당신은 그 경지에 이를 수 있다.

두뇌에 고속도로가 뚫리면 이전과는 완전히 달라질 것이다. 그리고 또 다른 분야에 1백 권 읽기를 하면 어떨까. 또 다른 방향의 고속도로가 뚫리게 된다. 이것이 중첩된다면 시너지 효과를 불러일으킬 것이다. 1백 권 독서를 해 보라. 분명 재미있고 의미 있는 경험이 될 것이다.

## 31
# 독서로 최고의 내가 되라


이 책은 단순히 직장에서 적응하고자 하는 사람, 생존하고자 하는 사람, 오래 붙어 있고자 하는 사람을 위해 쓰이지 않았다. 나는 독서로 최고가 되고자 하는 사람들을 위해 이 책을 저술하였다.

독서로 당신의 인생을 최고로 만들어라. 이는 꼭 경쟁에서 이겨야만 되는 것은 아니다. 오직 당신만의 온리원의 길을 가라는 것이다. 넘버원은 한 명이지만 온리원은 여러 명일 수 있다. 당신만의 온리원의 길을 통해 당신의 분야에서 최고가 되어라.

이를 도와줄 수 있는 것이 바로 독서이다. 나도 독서를 통해 온리원의 길을 개척한 사람이다. 나는 자기계발 분야에서 최고가 되기 위해 여러 책을 써 왔다. 넘버원은 되지 못했으나 온리원이 될 수 있었던 소중한 경험들이었다. 나는 이제 어린이 인문 고전, 학습법 분야에서 최고가 되고자 노력하고 있다.

당신 역시 독서를 통해 자신의 분야에서 최고가 되어라. 최고가 되면 이전과는 완전히 달라진다. 1인 기업가로 살 수 있다는 뜻이다. 많은 사람들이 지금은 1인 기업가로 살고 있다. 직장에 얽매이지 않고 자신만의 콘텐츠로 돈을 벌 수 있다는 것은 큰 축복일 것이다. 이런 콘텐츠를 가질 수 있는 가장 효과적이고 저렴한 방법이 바로 독서를 하는 것이다.

# 흥미 있는 책부터 읽는다

나의 독서의 시작은 마구잡이였다. 그냥 흥미 있는 대로 읽었다. 나는 권장 도서도 읽어 보았고, 추천 도서도 읽어 보았지만 흥미 있는 책부터 읽는 게 제일인 것 같다. 독서에서 가장 중요한 게 흥미이기 때문이다. 어린이일 경우 그것이 만화책인 경우도 괜찮다. 요즘 나오는 만화책은 그 내용이 탄탄하기 때문에 일반 책 못지않은 경우도 많기 때문이다. 그렇게 흥미를 갖고 나서 차츰 권장 도서나 추천 도서 쪽의 책도 읽어 보는 게 좋다. 권장 도서나 추천 도서는 주로 고전이나 세계 명작의 책들이 많은데 이 책들을 빨리 읽으면 책에 흥미를 잃기 쉽고, 그렇다고 읽지 않는다면 언제나 만화책만 보는 낮은 수준의 독서만 하게 된다.

이 둘의 조화를 맞추는 것이 어떤 책을 독서할 것인가에 대한 가장 큰 문제일 것이다.

나 역시 어린이 과학 만화책으로 독서를 시작했으나, 『죄와 벌』과 같은 권장 도서도 읽어 나가면서 독서의 균형을 맞추었다.

성인이 된다면 이제 누가 무엇을 읽으라고 권하는 경우도 없다. 자신의 취미와 흥미에 맞추어 독서가 이루어진다는 이야기이다. 이럴 경우 유명 작가의 추천 도서 목록을 활용하는 것도 좋다. 나 역시 유명 작가의 추천 도서를 읽었다. 대부분은 읽지 못했지만 제법 알찬 책들도 많이 읽을 수 있었다.

독서를 통해 학문을 쌓고 싶은 사람이라면 권장 도서를 읽어라. 하지만 독서를 오랫동안 재미있게 하고 싶은 사람이라면 자신의 흥미를 따르는 게 좋다.

# 독서에 대한 편견들

## ;; 독서만 하면 바보가 된다?

독서만 하면 바보가 된다고 생각하는 사람도 있다. 이는 물론 일리가 아예 없는 말이 아니다. 책만 보고 생각하지 않으면 단순히 책만 읽는 바보가 되는 경우도 있다. 하지만 이는 매우 드문 일이다. 이와는 반대로 수천 권의 책을 한꺼번에 읽으면 그 에너지가 넘쳐서 사회적으로 큰 성공을 하게 되는 경우가 압도적으로 많다. 병상에 누워 2천 권의 책을 읽은 이랜드 회장 박성수 씨가 그러했고, 역시 병원에서 수천 권의 책을 읽은 손정의 씨, 그리고 도서관에서 수천 권의 책을 읽었던 민들레 영토 사장 지승룡 씨가 대표적인 인물이다.

우리는 독서를 통해 바보가 되는 것이 아니라 천재가 된다. 그리고 실제로 천재처럼 세상 속에서 자신의 존재감을 드러내며 맹렬히 질주한다.

독서는 자동차에 최고의 엔진을 다는 것과 마찬가지이다. 고물 엔진을 가지고 컹컹거렸던 과거와는 달리 재빠르게 쾌속 질주할 수 있다. 사회적으로 명예가 높아지고 엄청난 수입을 올리게 된다.

독서를 하면서 가장 좋은 것은 자신의 비전을 발견하게 된다는 것이다. 앞서 말한 세 명의 인물은 독서를 통해 지식과 지혜도 얻었겠지만 세상 속에서 무엇을 할 것인가에 대한 목표와 비전을 세울 수 있었던 것이다. 아직 인생에서 무엇을 해야 할지 모르겠다는 사람이 있다면 일단 책부터 잡아라. 수백 권의 책을 읽다 보면 자신이 무엇을 해야 할지에 대한답이 명쾌하게 나올 것이다.

## ⫶; 독서를 하면 사회성이 떨어진다?

독서를 하면 사회성이 떨어진다고 생각하는 사람도 있다. 실제로 독서는 조금은 내성적인 사람들이 가진 취미이기 때문에 그런 오해가 있는 것 같다. 하지만 이것도 잘못된 오해이다. 독서를 통해 얻을 수 있는 것은 사람에 관한 지식이기 때문이다. 독서를 하면 인간의 심리나 내면 세계에 대해 잘 알게 된다. 인간의 심리나 내면 세계를 정확하고 섬세하게 표현하는 것이 작가의 임무이기 때문이다. 그런 작가들 덕분에 독자들은 인간에 대한 이해를 넓힐 수 있다. 책을 읽으면 읽을수록 사람에 대한 이해가 깊어진다. 그러니까 책을 읽는다고 해서 사회성이 떨어지는 것은 아니라는 것이다. 오히려 책을 통해 사람을 알아가고 진정으로 화합할 수 있는 힘을 가질 수 있다.

안철수는 책을 좋아하고 내성적인 성격이다. 하지만 그는 경영자, 그리고 지도자로 거듭났다. 그가 그럴 수 있었던 것은 책을 통해 사람에 대해 이해하고 자신의 마음을 잘 다스렸기 때문이다.

독서는 사회성에 큰 영향을 주지 않는다. 독서만 한다고 걱정할 필요도 없고 독서를 너무 적게 한다고 야단칠 필요도 없다. 아이들은 흥미에 따라 적절한 자신만의 독서를 해야 한다.

## 34
# TV와 스마트폰을 멀리하라

독서를 하기로 시작했다면 TV와 스마트폰을 멀리해야 한다. 요즘 스마트폰 중독 문제가 심각하다. 잠시라도 스마트폰이 없으면 불안하기까지 하다는 사람들도 많다. 그래서 독서 인구는 더욱 줄어들고 있다.

하지만 독서를 원하는 사람은 집 안의 TV를 제거하고 스마트폰을 멀리해야 한다. 스마트폰은 다양한 기능이 있어 완전히 없앨 수는 없다. 하지만 TV는 없애는 게 가능하다. 나는 실제로 20살부터 TV를 보지 않고 있다. 13년째 TV를 보지 않고 있지만 사는 데는 아무 지장도 없다.

사실 나는 TV 마니아였다. 중학교 시절 매일 TV를 보았다. 재미있는 연예 프로그램이나 만화 같은 것을 정신없이 보았다. 아침에는 만화 채널에서 〈드래곤 볼〉을 해 주어서 재미있게 보고 등교했던 것이 생각난다. 그러던 내가 작가가 되기로 결심하고 20살부터는 TV를 보지 않았다. 나는 대신에 책을 보았다. 책은 읽으면 읽을수록 내가 성장하는 느낌이었다. 그 느낌이 좋아 계속 책을 보았다.

스마트폰을 이용하고 싶다면 다른 것을 하지 말고 이북을 보아라. 이북은 종이책보다 훨씬 저렴하게 구입할 수 있다. 언제든지 들고 다니면서 보고 싶을 때 볼 수 있는 것이 이북의 장점이다. 내 스마트폰에는 이북이 400권 정도 저장되어 있다. 그래서 언제든지 심심할 때 나는 이북 앱을 실행해 이북을 본다.

TV와 스마트폰을 멀리한다고 큰일이 생기지 않는다. 그 시간에 독서를 하면 오히려 자신을 발전시킬 수 있는 좋은 기회가 될 것이다.

# 독서에 늦은 나이란 없다

예로부터 문장가를 보면, 소년 시절에 재능을 일찍 과시한 경우도 많지만, 늦은 나이에 공부하여 꿈을 이룬 사람들도 눈에 띈다.

진나라의 저술가인 황보밀은 나이가 스물이 되도록 공부에 관심이 없다가 뒤늦게 글을 시작해 여러 학문에 두루 능통하여 '현안 선생'으로 불리었다. 당나라 문장가인 진자앙은 부유한 집의 아들이지만 십칠 세 때까지 글을 알지 못했다. 어느 날 뜻을 세워 열심히 공부한 끝에 세상에 이름을 떨쳤다. 당송 팔대가로 추앙 받는 소순은 성인이 되어서도 글을 알지 못했다. 그는 스물일곱 살부터 책을 보기 시작했고 5~6년 뒤 명성을 얻었다.

## ::;『계곡만필』

독서에 늦은 나이란 없다. 『계곡만필』의 내용은 뒤늦게 공부를 시작해도 성공할 수 있음을 보여 준다. 직장인 5년 차, 공부하거나 독서하기에 너무 늦었다고 생각하는가. 절대 그렇지 않다. 서른이 넘어서도 새롭게 독서와 공부를 시작하면 몇 년이 지나지 않아 큰 성취를 올릴 수 있다.

## 36
# 독서는 마음 자세를 바꾼다

나 역시 출근하기 싫어하는 한 직장인이었다. 삶을 바꾸어야 한다고 생각했다. 그래서 시작한 것이 아침 독서였다. 매일 한 시간 일찍 일어나 근처의 카페로 갔다. 그리고 책을 읽었다. 나는 일어나기 싫고 근무하기 싫어하는 마음에 정면 도전하기로 했다. 더 적극적인 자세로 일에 맞서기로 한 것이다. 아침의 한 시간은 하루를 결정짓는다. 아침 한 시간을 잘 보낸 사람은 하루를 잘 보낼 수 있다. 그렇기에 난 아침 한 시간에 집중하기로 한 것이다.

아침을 상쾌하게 독서로 보내자 하루가 달라지기 시작했다. 희망이 생겨났고 더 적극적이고 긍정적으로 하루를 보낼 수 있었다. 투자한 것에 비해 그 효과는 놀라웠다.

나는 교사이기도 했지만 작가이기도 했기 때문에 독서 역시 중요했다. 나는 교사로서의 일을 잘할 뿐만 아니라 작가로서도 전진하고 있다는 느낌을 받았다. 그 시작은 아침 1시간 독서에 있었다.

퇴근 후에도 역시 카페에 들러 책을 보았다. 피곤하여 그대로 잠들 수도 있는 시간에 책을 읽음으로써 오히려 에너지를 공급받았다. 이것은 실제 독서를 해 보지 않은 사람은 결코 느낄 수 없는 감정이다.

직장 일이 싫은가. 그러면 하루 1시간 일찍 일어나 아침 독서를 해 보라. 전투적으로 하루의 아침을 맞으라. 아침 1시간을 승리하라. 그러면 하루를 승리할 수 있다. 하루의 계획은 새벽에 정한다는 말이 있다. 이 말이 거짓이 아니었음을 나는 느꼈다.

# 『성경』을 필사하다

나는 많은 책을 요약 정리했다. 1천여 권의 책을 요약 정리하는 연습을 해 본 것 같다. 그 외에도 인문 고전을 필사해 보기도 했다. 하지만 기억 에 남는 것은『성경』을 필사했던 경험이다. 나는 구약의 일부분과 신약의 전부를 필사했다. 그때 나는 대학교 4학년이었고 임용을 준비해야 하는 시간이었다. 하지만 나는 시험보다도 종교에 빠져 들고 있었다. 진리가 있는지 궁금했고『성경』필사에 온전히 몰두했다. 결과는 좋지 않았다. 시험은 떨어졌고『성경』을 필사했지만 남는 것은 없었다. 하지만 그 시간 이 후회되지는 않는다.『성경』을 필사하면서『성경』에 대한 궁금증이 풀 렸기 때문이다. 시험은 떨어졌지만『성경』필사를 통해 얻어 가는 것도 있었다. 나는 내 생애를 살아가게 될 에너지를『성경』필사를 통해 얻었 다.『성경』에서 얻은 에너지를 바탕으로 나머지 인생을 살아갈 것이다. 『성경』은 나에게 생명의 에너지를 불어넣어 주었다. 물론 구약의 이야기 는 진화론에 비추어 본다면 하나의 신화에 불과하다. 하지만 나는 구약 에서도 많은 지혜의 열매를 얻었다. 「시편」과 「잠언」은 특히 나에게 많은 영감을 불어넣어 주었다. 신약을 통해서는 예수의 생애와 그 가르침에 대해서 자세히 알 수 있었다. 지금의 나는 교회도 나가지 않고『성경』도 자주 읽지 않지만 한때 빠져 보았기에 더 이상 진리에 대한 궁금증이나 아쉬움은 없다. 인생에 한번쯤은 진리를 위해 자신의 모든 것을 바쳐 보 는 것도 좋을 것이다. 나는 그것을 해 보았기에 후회나 아쉬움은 없다.

# 독서는 큰 인물을 만든다

최진 작가의 『대통령의 독서법』이라는 책을 읽은 적이 있다. 오래전에 읽은 책이지만 아직도 기억에 남는다. 우리나라 대통령의 독서 습관에 대해 나온 글이었다. 서로 다른 독서 스타일을 파악할 수 있기에 흥미롭게 읽었던 것 같다. 예를 들어 김영삼의 독서는 알맹이 독서라서 핵심만 파악하는 독서이다. 이에 비해 김대중 대통령은 꼼꼼 정독파로 치밀하게 읽어 나가는 장점이 있다. 전두환의 독서는 화끈한 독서로 지식 습득이 매우 빠른 독서이다. 이명박 대통령의 독서는 실용 독서법으로 책의 내용에서 실용적인 부분만 파악하는 독서이다. 노무현 대통령의 독서는 자유분방한 다독이다. 노태우 대통령의 독서는 조용한 심리 독서법이다. 상대방의 심리를 파악하는 독심술을 발휘할 수 있었던 것은 이 독서법 때문이었다.

모두 다른 독서법을 가지고 있었지만 공통점은 역시 책을 사랑하고 책을 즐겨 읽었다는 것이다. 이는 독서가 큰 인물을 만든다는 증거이다. 어릴 때부터 많은 책을 읽은 사람은 위인이 된다. 이는 역사가 증명하는 것이다. 큰 인물이 되고 싶은가. 그렇다면 책을 읽기 시작하라. 독서에 있어 늦은 나이란 없다. 지금이라도 책을 읽어 나가기 시작한다면 큰 인물로 거듭날 수 있을 것이다.

# 진리는 독서이다

내가 여태까지 찾은 것 중에 진리라고 생각되는 것은 독서이다. 독서를 통해 우리는 자유롭게 살아갈 수 있다. 나는 한때 종교에서 진리를 찾으려고 했지만 점점 수렁에 빠지는 기분이었다. 종교 생활은 나에게 진리를 안겨 주지 못했다. 나는 독서를 통해 더 나은 사람으로 발전했고 이제는 자유를 바라보고 있다. 독서를 통해 사람들을 만났고 돈을 벌었으며, 보다 나은 미래를 꿈꾸었다. 나는 책을 읽음으로써 보다 나은 사람이 되었다. 아니, 보다 나은 사람이 되기 위해서 나는 여태껏 책을 읽었던 것이다. 『롱 리브 더 킹』이라는 작품에는 목포 건달이 국회의원이 되어 가는 과정이 흥미롭게 펼쳐진다. 나는 독서가 하나의 인물이 되어 가는 과정이라고 본다. 독서를 통해 우리는 보다 나은 인물, 즉 리더가 될 수 있는 것이다. 독서는 권력과는 먼 거리에 있는 것 같지만 보다 가까운 거리에 있다. 독서욕은 바꾸어 말하면 권력욕이다. 지식에 대한 강한 갈망은 남보다 우위에 서기 위한 행동이며, 보다 나은 자신을 만들어 권력을 잡고 싶은 욕망과도 이어져 있다. 우리는 독서를 통해 발전되어 가는 것이다.

많은 책을 읽어 온 나이지만 시간이 날 때마다 책을 읽는다. 요즘 들어 독서가 점점 더 재미있어지는 기분이다. 그것은 내가 책을 재미있게 읽기 때문이다. 나는 억지로 책을 읽지 않는다. 억지로 읽어서는 발전이 없다. 책은 재미있게 읽어야 한다. 공부를 재미있게 하는 사람이 좋은 성적을 받듯이 독서도 재미있게 해 보라. 그러기 위해서는 재미있는 책을 골라야 한다. 책을 읽다 보면 어느새 철학책 같은 난해한 책도 재미있어지는 순간이 온다. 독서의 바다에 빠져 그 순간을 느껴 보라고 권하고 싶다.

# 독서로 경제적 자유를 누리자

경제적 자유는 부자나 재벌 같은 사람들이 누리는 것이다. 그런데 평범한 우리도 경제적 자유를 누릴 수 있을까. 그 방법에는 욕심 내지 않는 것이 있다. 이른바 도사가 되어야 한다는 것인데, 도사의 특징이 욕심이 없다는 것이다. 그래서 도사는 경제적 자유를 누린다. 법정 스님 역시 경제적 자유를 누렸다. 그는 꼭 필요한 것만 가졌기에 물질에 구속받지 않았다. 우리는 돈을 더 버는 것과 마음을 다스리는 것 중에 하나를 선택해야 하는데 마음을 다스리는 편이 더 낫다. 돈은 벌수록 더 벌고 싶어질 뿐이기 때문이다. 이를 제어하려면 강한 자기 통제력이 필요하다. 그렇다면 독서는 왜 경제적 자유를 불러오는가. 이것은 독서를 통해 돈을 버는 것과도 관련이 있지만 그것보다는 독서는 내면을 풍요롭게 하기 때문이다. 내면이 풍요로워지고 부해지면 외부의 물질에 영향을 덜 받게 된다. 책을 읽음으로써 돈에서 벗어난 자유로운 삶을 살아갈 수 있게 되는 것이다. 여러 분야에 관련된 책을 읽어 내면을 부유하게 하라. 진정 부자가 된 기분으로 살아갈 수 있는 것은 독서뿐이다.

# 1년 365독서로 나를 리노베이트하라

『1년 365독서로 나를 리노베이트 하라』는 내가 몇 년 전에 낸 책 제목이다. 나는 실제로 대학 생활 때 1년 365독서를 했다. 사실 하루에 한 권이상씩 책을 읽었다. 게걸스럽게 책을 읽었던 시절이 있기에 오늘의 내가 있다. 내가 '리노베이트'라는 없는 단어까지 만들어 내면서 책을 낸 이유는 독서의 중요성을 알리기 위해서이다. 네가 독서를 통해 무엇이 그렇게 크게 달라졌냐고 한다면 딱히 할 말은 없다. 독서는 외부적인 변화보다도 내면적인 변화를 가져오기 때문이다.

그렇게 돈을 많이 번 것도 아니고 지위가 크게 오른 것도 아니지만 내면의 풍요를 가져왔다. 오히려 변화는 공부를 했을 때 많이 일어났다.

1년 365독서를 하면 좋은 점에 대해 말해 보겠다. 먼저 자신감이 증가한다. 무엇이든 할 수 있을 것 같은 기분이 든다. 두 번째로 실력이 는다. 책에서 얻은 지식과 정보를 통해 무엇이든 해 낼 수 있다. 셋째로 꿈이 생긴다. 앞이 보이지 않던 미래가 명확히 그려진다. 미래를 향해 전진하는 느낌을 받을수 있다. 이 외에도 책을 읽다 보면 많은 즐거움과 장점들이 있을 것이다. 그렇다면 더 이상 지체하지 말고 1년 365독서를 시작해라. 많은 것을 얻어 갈 수 있을 것이다.

## 42

# 반복 독서를 통해 변화하라

나의 반복 독서는 초등학생 때부터 시작되었다. 몸이 약한 나는 집에 있는 경우가 많았는데 책꽂이에 꽂힌 책을 반복해서 읽었다. 퍼즐책, 추리책, 이야기책 등의 책을 반복해서 읽었다. 그중 기억에 남는 것은 『셰익스피어의 4대 비극』과 『죄와 벌』이었다. 나는 이 두 책을 학교 바자 회 때 구입했는데 집에서 심심할 때마다 반복해서 읽었다. 내용은 물론 어려운 내용이었지만 이해가 불가능한 것은 아니었다. 살인을 하는 맥베스에 조마조마하기도 했고 권력을 쫓다가 몰락하는 것에 마음이 통쾌하기도 했다. 햄릿의 유유부단함에는 답답함을 느끼기도 했고 그의 비극적인 결말에는 마음이 슬프기도 했다. 『죄와 벌』은 좀 더 어려웠는데 살인 장면에 충격을 받기도 했고 쫓기는 주인공이 안타깝기도 했다. 나는 독서를 이때 익혔다. 오히려 지금의 독서보다도 어렸을 때의 독서가 훨씬 나았다. 나는 독서의 순수성과는 조금은 이별한 상태이다. 지금은 도움이 되는 책만 읽는다. 하지만 순수하게 독서에 집중했을 때가 좋았다. 그 느낌은 아는 사람만이 안다. 그런 즐거움을 잊고 산다는 것은 어쩌면 슬픈 일이다.

지금도 반복 독서를 많이 한다. 그러기 위해서는 책을 사야 한다. 나는 도서관에 가는 시간을 줄이고 있다. 책을 사서 집에서 읽으려고 한다. 그리고 본 책을 보고 또 본다. 우리의 기억력은 완벽하지 않다. 본 책을 자꾸 다시 봐야 기억나고 행동으로 옮기게 된다. 자기계발서도 마찬가지이다. 소설책처럼 보고 끝내는 것이 아니다. 계속 보면서 자기의 행동을 고쳐야 한다. 그래야 발전이 있다. 독서를 통한 변화가 없는 사람은 자꾸

모래에 물을 붓는 사람이다. 물은 그냥 빠져 나가고 만다. 반복 독서를 통해 뇌의 인지 능력을 높이고 오래 기억하도록 만들어야 한다. 계속해서 자극을 주어야 한다. 반복 독서가 도움이 될 것이다. 세종대왕이 백독 백습을 한 데는 다 이유가 있다. 그렇게 반복해야 내 것이 되기 때문이다. 책 중에서 기본이 된다고 하는 책을 골라 사서 반복해서 읽어라. 그러면 당신의 삶에도 변화가 분명 찾아올 것이다.

# 2장

# 글쓰기에
# 미쳐라

## 01
# 당신이 글을 써야 하는 이유

직장인인 당신이 글을 써야 하는 이유는 다양하다. 이제는 일반인 작가의 시대가 열렸기 때문이다. 과거에는 신춘문예와 같은 곳에 등단한 사람만이 글을 쓸 수 있다는 편견이 있었다. 작가로의 진입 장벽이 높았던 것이다. 하지만 이제는 일반인들이 쓰는 일반적인 글들이 책으로 나온다. 일반인의 글은 공감이 더 잘되기 때문에 더 잘 팔려 성공하는 작가도 여럿 있다.

또한 책을 낸다는 것은 전문가의 위치에 오른다는 것이다. 자신의 경험과 노하우를 책으로 내면 전문가로서 대접받을 수 있다. 한 번 강연에 월급과 비슷한 돈을 받는 강연가로 데뷔할 수도 있다. 저술, 강연, 기고의 삼박자를 이루어 제2의 전성기를 누릴 수도 있다. 삶이 새로운 지경으로 넓어지는 것이다.

나 역시 신춘문예와 같은 곳에서 등단한 정식 작가는 아니다. 그저 글을 쓰고 싶어서 내 마음대로 글을 썼고 책을 내고 싶어서 수백 군데의 출판사에 원고를 줄기차게 보냈을 뿐이었다. 하지만 맨 땅에 헤딩하듯이 쓰고 보내기를 반복한 결과 내 책을 출판할 수 있었다. 나는 이제 여러 권의 책을 낸 작가이자 전문가의 대접을 받고 있다.

당신 역시 직장인으로서 확고한 위치를 다지고 전문가로 대접받고 싶다면 자신만의 노하우나 경험이 담긴 책을 내어라. 당신의 성공담을 듣고 싶어 하는 사람에게 강연도 해 보아라. 당신이 책을 낸다면 책은 베스트셀러가 될 수도 있고 그런 기회 역시 찾아오게 될 것이다.

## ::; 내가 글을 쓴 이유

내가 글을 쓴 이유는 작가가 되고 싶었기 때문이다. 돈과 명예를 가진 작가를 볼 때마다 부러웠다. 나도 그런 작가가 되고 싶었다. 그렇게 좋은 동기는 아니었으나 나쁜 동기도 아니었다. 돈과 명예는 누구나 원하는 것 아닌가.

물론 순수한 의도로 문학 등의 분야를 공부하는 사람이나 사람들에게 도움을 주고자 책을 내는 사람들은 존경받아야 한다. 하지만 그런 사람은 일부이고 작가라면 누구나 인세 등의 수입과 유명세와 같은 명예를 원한다.

사실 그런 면도 있었지만 나는 내 책을 한번 가져 보고 싶었다. 나 역시 책을 내기 전에 수많은 책들을 읽은 독자였기에 작가로서 사람들에게 다가가 보는 것은 나의 하나의 바람이었다.

당신 역시 책을 많이 읽었다면 한번쯤 저자가 되고 싶은 마음이 들 것이다. 그 마음은 간직하고 계속해서 책을 읽어나가라. 중요한 부분은 정리해서 모아 두어라. 쓸 만한 자료는 찾아서 저장해 두어라. 그리고 당신만의 책을 준비하라. 오래 시간이 걸린다고 좌절할 필요는 없다. 오래 묵은 장이 맛있듯이 오래 묵혀 놓은 글은 그 진가를 발휘한다. 오히려 경계해야 할 것은 준비도 별로 하지 않고 책으로 나오는 경우이다. 이럴 경우 세상의 공격을 견디지 못한다. 진정 성공하고 싶다면 많은 시간 준비하는 것이 필수이다. 많이 준비할수록 세상에 나가서도 오래 견디고 오래 간다.

## 02
# 자료 수집이 먼저이다

작가가 되기 위해 내가 맨 처음에 한 일은 자료를 수집하는 것이었다. 책에 넣을 수 있는 좋은 자료들이 있는데 이는 책을 읽다 보면 찾을 수 있다. 그 자료를 바탕으로 나는 책을 낼 수 있었다. 사실 첫 책은 준비한 자료를 활용한 게 아니었다. 오직 머릿속에 있는 기억만을 가지고 첫 책을 내었다. 나는 수많은 책들을 읽었고 거기에서 인상 깊은 사례들을 암기하고 있었기에 가능한 일이었다. 자료 수집의 덕을 본 것은 세 번째 책이었던 『악인의 매력을 훔쳐라』였다. 이 책은 순전히 자료 수집을 바탕으로 낸 책이었는데, 주어진 자료와 내 짧은 의견이 담긴 내용으로 구성된 책이었다.

작가가 되고자 한다면 자료 수집이 먼저이다. 요리로 보자면 음식이 중요하듯이, 어떻게 요리를 하느냐 하는 방법도 중요하지만 어떤 요리 재료를 구하느냐도 중요한 셈이다. 책을 쓰는 데는 오랜 시간이 걸리지만 자료만 준비되면 오랜 시간이 걸리지 않고도 쓸 수가 있다. 그래서 자료 수집에 일단 시간을 많이 투자하는 것이 좋다.

마가렛 미첼은 『바람과 함께 사라지다』를 쓸 때 자료 수집에만 20년이 걸렸다. 에드워드 기번은 『로마제국 쇠망사』를 쓰는 데 20년이 걸렸고 노아 웹스터가 『웹스터 사전』을 만드는 데는 36년이나 걸렸다. 다윈의 진화론 역시 수없이 많은 시간과 노력을 통해 이루어진 자료 수집을 바탕으로 쓰여졌다. 이들의 사례는 책을 출간하는 데 있어 자료 수집이 얼마나 중요한지 알려 준다.

# 일단 베껴 보아라

글쓰기를 잘하고 싶다고 하는 사람이 있다면 나는 제일 먼저 기존의 글을 베껴 보라고 말한다. 세상에 완전한 창조물은 없다. 모든 것은 이전의 것을 새로운 시각으로 바라보든지 아니면 약간의 변형을 가한 것에 불과하다. 기존의 이야기도 완전히 새로운 이야기는 없다. 기존의 것들을 변형한 것이다.

또한 좋은 문체를 가지고 싶다면 어떻게 할까. 일단 많이 쓰는 것도 중요하겠지만 이전에 잘 쓰인 문장을 베껴 보는 것이 좋을 것이다. 글쓰기를 잘하고 싶다면 신문의 사설을 베껴 보라는 말을 학생 때 많이 들었다. 내가 쓰는 글쓰기의 지향점은 사설이 아니었기에 나는 사설을 거의 베끼지 않았다. 대신에 인문 고전과 베스트셀러 위주로 책을 많이 베껴 보았다.

나는 기존의 책들은 완전히 베끼기보다는 중요한 부분만 요점 정리를 많이 해보았고, 인문 고전은 처음부터 끝까지 한 글자도 빼놓지 않고 베껴 쓰는 연습을 많이 했다.

때론 글쓰기가 우울하고 내 글만 빼고 다른 작가의 글들이 다 성공한 것처럼 느껴질 때는 기욤 뮈소의 소설을 베끼면서 시간을 보냈다.

이런 베껴 쓰기를 통해 나는 글 실력도 발전하게 되었지만 더 발전하게 된 것은 긍정적인 마인드와 근성, 성실성 등이다.

이를 통해 나는 자신감을 얻었다. 실제로 베껴 쓰기 자체는 별 도움이 안 되었을지도 모른다. 하지만 이는 내게 자신감을 가져다주었고 내 글을 자유롭게 쓰는 데 도움을 많이 주었다.

당신 역시 처음에는 어떻게 글을 써야 할지 모를 것이다. 나 역시 백지에서 시작했다. 당신 역시 그렇다면 일단 책의 내용을 요약하고 자신의 생각을 조금이라도 적어보는 것부터 시작하라고 권하고 싶다. 그 작업들이 끝나면 정말 자신이 쓰고 싶은, 베껴서라도 쓰고 싶은 책 한 권을 정해 필사 작업을 시작하라. 그리고 나면 당신의 글쓰기는 한결 발전할 것이라고 나는 확신한다.

# 필사하면 창조가 된다

  책을 필사하는 것은 바보같이 보일 수도 있다. 그래서 어떤 작가들은 고생해서 필사 같은 것은 할 필요가 없다고 말하기도 한다. 하지만 필사는 효과가 있다. 글을 필사하다 보면 갖가지 생각들이 머리에 든다. 책의 내용과 관련된 것일 수도 있고 다른 것에 대한 것일 수도 있다.

  이른바 자신만의 생각이 들기 시작하는 것이다. 이것이 효과를 본 것은 내가 철학책을 필사할 때였다. 『열자』를 필사한 적이 있는데 『열자』를 필사하고 나서 갑자기 영감이 떠오르기 시작했다. 그래서 그 영감들을 적다 보니 한 꼭지 분량의 글이 되었다. 이 효과를 겪고 나서 나는 철학책을 많이 필사한다. 철학이라는 것은 한마디로 생각하는 것이다. 이 생각하는 사고력을 가장 크게 길러 주는 것이 철학책이다. 이런 철학책을 그냥 보는 것도 좋지만 필사를 하다 보면 더욱 이해가 잘되고 생각의 폭을 확장할 수 있다.

  당신도 한번 해 보라. 일단 한번 해 보고 그에 대해 이렇고 저렇고를 말하라. 일단 한번 해 보면 당신도 그 효과에 놀랄 것이다.

  인문 고전을 필사하면 천재가 된다는 말이 있는데 꼭 인문 고전이 아니라 일반 책도 많이 읽으면 천재가 될 수 있다. 나는 어느 날 도서관에서 책을 읽다가 내가 천재가 되었음을 느꼈다. 물론 나의 아이큐는 148이다. 천재라고 볼 수는 없지만 상당히 높은 편에 속한다. 하지만 이전까지는 내가 천재라는 생각은 하지 못했다. 하지만 책을 많이 보고 나서는 내 머리가 훨씬 더 좋아졌음을 느꼈다. 이른바 진짜로 천재가 된 것이다. 물론 나는 천재라고 부를 수 있는 그런 결과물을 아직 내놓지 못하고 있다. 하지만 다빈치가 젊을 때 아직 그 결과물을 내놓지 못하고 나이가 들어 수많은 결과를 내놓았듯이 나 역시 수많은 창의적인 결과물을 미래의 내가 내놓을 것을 확신한다.

# 자신의 생각을 적어라

잘 안 팔리는 책이 있다. 그런 책은 대부분 자신의 생각이 들어 있지 않은 책이다. 나의 첫 책 역시 그랬다. 나의 사례나 나의 이야기가 들어 있지 않고 전부 남의 이야기뿐이었다. 그도 그럴 것이 내가 한 것은 도서관에서 책을 읽은 게 전부라서 내 이야기는 별로 할 것이 없었다. 하지만 도서관에서 수많은 책을 읽었기에 여러 재미있는 또는 성공한 사례는 잔뜩 알고 있었다.

그렇게 나는 첫 책을 내었다. 첫 책은 성공할 것이라고 예상하고 그렇게 생생히 상상했건만 결과는 비참했다. 출판사 사장님은 내 탓을 했다. 나는 변명하고 싶었지만 내가 쓴 글이라서 어쩔 수 없었고 죄송한 마음이 들었다.

그 이후 나는 여러 글쓰기 대가들의 책을 읽었고 내 책의 방향을 바꾸어야겠다는 생각을 하게 되었다. 이른바 팔리는 책을 쓰기 위해 노력하게 된 것이다. 어느 작가든 그렇지 않겠지만 나에게는 고집이 있었다. 내가 쓰는 방향으로 내가 쓰는 방식으로 성공할 것이라는 그런 고집이 있었던 셈이다. 하지만 책을 20여 권을 썼는데도 크게 성공하지 못하자 나는 내 방식에 의문을 갖게 되었고 진짜 잘나가는 작가의 글을 읽으면서 나의 문제점을 생각해 보게 되었다.

나의 첫 번째 책은 심지어 목차도 짜지 않고 무작정 써 나간 것이었다.

그때는 순전히 열정으로 책을 썼다. 첫 책이었기에 어떻게 쓰는지도 모르고 무작정 쓰기만 했다. 그런 실패한 사례들이 있었기에 나의 최근의 책들은 이보다 훨씬 발전해 있다. 나는 책을 한 권만 내서 성공한 그런 작가들도 많이 안다. 나는 그들이 대단하다고 생각된다. 그리고 그들은 전문가의 조언을 받아 실패 없이 한 방에 성공한 예일 것이다.

하지만 그 작가들의 대부분은 그 한 방이 끝이다. 실패의 경험이 없기 때문이다. 그에 비해 나는 수많은 실패를 통해 맷집을 길렀고 여러 다양한 경험들이 있어 아직도 책을 쓸 수 있다.

그들은 자신의 분야에서 일인자이고 책도 한 권 썼지만 나는 순전히 전문적인 작가로서 활약하고 있다. 언젠가는 나 역시 내 분야의 일인자가 되어 크게 활약하기를 기대해 본다. 그 첫 번째 시작은 자신의 생각을 적는 것이다. 이를 위해 나는 철학책을 읽으면서 나만의 생각을 갖기위해 많이 노력한다. 하지만 내 생각이라고 생각되는 창의적인 생각들도 책을 읽다 보면 다른 작가들이 이미 다 쓴 것이라는 것을 많이 알게 된다. 그래서 내가 하는 것은 약간의 변형을 가하거나 시선을 달리하는 것이다. 당신 역시 새로움을 창조하고 싶다면 기존의 것들을 많이 익혀야할 것이다. 그래야만 자신만의 생각을 쓰는 것이 가능하다.

# 글쓰기는 사고력이다

군대에 가기 전 나는 학교에서 특강을 들었다. 『초등 고전 혁명』이라는 책을 쓴 송재환 교사의 특강이었다. 그 작가는 여러 가지 이야기를 하면서 자신이 책을 쓸 수 있었던 것은 사고력 때문이라고 하였다. 나는 그 이야기를 듣고 군대에 가기 전에 글을 쓰기 시작했다. 내 머릿속에 들어 있는 수많은 이야기들을 그대로 지면에 옮기기 시작한 것이다. 그렇게 해서 내 첫 자비출판 작품인 『벽을 뛰어넘은 위대한 정신들』이 나왔다. 그 책은 지금 남에게 보여 주기에 너무나도 창피한 작품이다. 하지만 그런 창피한 작품이 있었기에 지금의 내 책들이 나오게 된 것이다.

글을 쓴다는 것은 사고력이라는 말은 반은 맞고 반은 틀리다. 물론 사고력만으로 쓰는 글도 있다. 그리고 자료 조사만으로 쓴 글도 있다. 좋은 책은 자료 조사도 충분히 하고 사고력도 뛰어난 작품이다. 나는 자료 조사와 사고력이 조화가 이루어져야 좋은 작품이 나온다고 생각한다.

그래서 나는 수많은 자료 조사를 했고 그에 따른 나의 생각을 적어 보는 일을 많이 해 보았다. 나의 세 번째 책인 『악인의 매력을 훔쳐라』는 90 퍼센트 이상의 자료 조사를 통해 탄생한 책이다. 그리고 나의 짧막한 시선을 담아서 내었는데 비판도 많이 받았던 작품이다. 하지만 나는 그 책의 출간을 통해 내가 성공했음을 느꼈다. 그것은 순전히 내 마음속에서 느낀 나만의 감정이었으나 이제 누구나 알아볼 수 있는 그런 거대한 성공을 꿈꾸고 있다.

당신만의 책을 내고 싶은가. 그렇다면 사고력을 길러라. 물론 사고력의 일부는 유전적으로 타고나는 것이다 하지만 당신이 책을 읽고, 특히 철학책을 읽고 생각하는 연습을 한다면 당신의 사고력 역시 훨씬 발전할 것을 믿는다. 내 말을 믿고 사고력을 키우기 위해 노력하라.

# 소걸음으로 천 리를 간다

나는 20여 권의 책을 내었다. 언제 그렇게 많은 글을 썼는지 나도 놀랄 정도이다. 물론 나보다 책을 훨씬 많이 낸 작가에 비하면 나는 아직 새 발의 피 수준이다. 하지만 내 스스로 생각했을 때 나는 전문적인 작가의 코스를 밟지 않았다는 점을 생각하면 많이 내었다고 생각한다. 나는 전문 작가도 아니었으며 책을 잘 내는 교수 같은 직종에 포함되어 있지도 않았다. 대학에 들어가서는 꼼짝없이 교사가 되는 교육 과정을 밟은 교대생에 불과했다.

책 한 권의 분량은 많으면 많다고 볼 수 있고 적으면 적다고 볼 수 있다. 책이 잘 써질 때는 책 한 권의 분량은 우습게 보인다. 하루에 열 장, 스무 장씩 써지기 때문이다. 하지만 책이 써지지 않을 때나 몇 줄을 쓰기도 힘들 때는 1백 페이지에 가까운 그 분량을 어떻게 채워야 하나 하고 고민할 때가 많다.

나는 이를 한 문장으로 표현하고자 한다. 그것은 '소걸음으로 천 리를 간다'라는 말이다. 소걸음, 느리지도 빠르지도 않다. 그저 뚜벅뚜벅 걸을 뿐이다. 하지만 그런 소걸음으로 천 리 길을 가는 것이다. 우리가 글을 쓰는 것도 이처럼 해야 한다고 생각한다. 느리지도 않고 빠르지도 않고 쉬지 않고 꾸준히 나아가는 것이다. 이것은 한 권의 책을 완결지어 본 작가라면 누구나 동의하는 말일 것이다.

책이 안 써진다고 급하게 서두르지 않고 그렇다고 완전히 게을러져 책을 안 쓰지도 않고 매일 꾸준히 적다 보면 어느새 책 한 권 분량의 글을 탈고했음을 알게 된다. 그럴 때 정말 작가로서는 매우 기쁘다. 당신 역시 작가가 되고 싶다면 이 말을 기억하라. '소 걸음으로 천 리를 간다'.

# 20여 권의 책을 내다

나의 책은 자기계발 8권, 시 에세이 3권, 어린이 2권, 경제·경영서 1권, 그리고 사회 분야 책 1권이다. 이외에 검색되지 않는 책이 몇 권이 있다. 내가 이렇게 수많은 책들을 쓸 수 있었던 것은 쉬지 않고 노력했기 때문이다. 나는 20대에 책 보는 것과 글 쓰는 것밖에 하지 않았다.

20대 중반까지는 책 읽기에 몰두했고 20대 후반부터 글쓰기를 시작했다. 나는 20살 때 작가가 되기로 마음먹었다. 그때 당시 유행했던 『20대에 하지 않으면 안 되는 50가지』라는 일본의 나카타니 아키히로라는 작가의 글을 읽었다. 그 책을 읽고 나서 나 역시 키 높이만큼의 글을 쓰자고 다짐했다. 이른바 작가가 되겠다는 다짐이었다. 나는 고등학교 때까지 의사가 되고 싶었으나 교대에 오게 되면서 꿈을 잃어버리게 되었는데 작가라는 새로운 꿈은 나를 열심히 독서하게 만들었다.

그 이후의 삶을 카메라로 촬영했다면 나는 계속 책을 보고 있는 장면만 무한 방송될 것이다.

나는 성공하고 싶었고 책을 보고 싶었고 작가가 되고 싶었다. 그러던 것이 마법처럼 20대 후반에 작가가 되면서 이루어졌다. 지금의 나는 세계적인 베스트셀러 작가가 되겠다는 더 꿈을 가지고 한걸음 한걸음씩 나아가고 있다.

이 글을 읽는 사람은 일반 독자일 것이라고 생각한다. 그들에게 갑자기 책을 많이 쓰라고 하면 당황스러울 것이다. 일단 독서를 하는 것이 먼저이기 때문이다. 하지만 자신이 독서광이라고 생각한다면 한번쯤 작가에 도전해 보는 것이 좋다. 작가는 상처를 먹고 자란다. 상처는 글로 치환되어 멋진 글로 탄생한다. 그래서 당신의 인생에 실패가 많다고 작가가 될 수 없는 것도 아니다. 당신은 충분히 훌륭한 작가가 될 수 있으며 멋지게 문단에 데뷔할 수도 있다. 나는 당신의 능력을 믿는다. 그러기 위해서 필요한 것은 단 두 가지, 독서와 글쓰기이다.

# 09
# 재능보다 노력을 믿어라

나는 글쓰기에 재능이 없었다. 재능은 『거꾸로 읽는 세계사』를 써서 첫 책부터 성공한 유시민 작가 같은 사람에게 있다고 하는 것이다. 내 첫 책을 본다면 누구도 내게서 어떤 재능도 발견하지 못할 것이다. 난 참 정말 책을 못 썼다. 나는 실제로 학창 시절부터 글쓰기에 재능이 없었다. 나의 글은 어느 곳에도 오르지 못했다. 학급 문집에도 오르지 못한 게 나의 글쓰기 실력이었다. 이런 내가 작가가 된 것은 순전히 수많은 책을 읽고 그 내용을 요약 정리하면서 계발한 나의 노력에 따른 것이었다. 대학 때 내가 한 일은 수많은 책을 읽고 그것을 요약 정리해 블로그에 올리는 것이었다. 그리고 포스팅 숫자를 세면서 뿌듯해하는 것이 나의 일상이었다. 나는 여러 책을 읽을 자신이 있었고 그것을 효과적으로 요약하는 게 재미가 있었다. 하지만 그것은 작가와는 거리가 먼 이야기였다. 작가가 되기 위해서는 단순히 요약 정리하는 게 아니라 자신만의 글을 써야 했기 때문이다. 나는 독서광이었지만 작가와는 한없이 먼 거리에 있었다.

그러던 내가 지금은 작가로 변신해 수많은 글을 쓰며 사람들과 소통하고 있다. 최근에 내가 주로 쓰고 있는 것은 어린이 철학 글인데 동양 철학을 아이들에게 알려 그들의 삶을 변화시키겠다는 것이 나의 바람이다. 내가 실제로 초등학교 교사로 근무하고 있기에 초등학생의 마음을 잘 알 수 있었고 그들에게 관심이 가기에 그런 책들을 저술하게 된 것이다.

그러므로 지금까지 작가로서 재능이 보이지 않았더라도 작가가 되는 것을 포기하지는 마라. 물론 자신의 장점과 재능을 찾아 가는 것이 가장 효율적이고 효과적인 인생살이이다. 하지만 나는 어떻게 해서든지 작가가 되고 싶다고 마음먹고 있는 사람이라면 작가가 될 수 있으며 작가의 길은 결코 좁지 않다고 생각한다. 노력하는 사람에게는 길이 열리고 두드리는 자에게는 출판의 기회가 생기는 것이 바로 작가의 길이다.

## 10
# 글쓰기는 다듬기가 중요하다

나의 첫 글은 앞서 말했듯이 목차도 없이 마구잡이로 쓴 것이다. 하지만 마구잡이로 주먹을 휘두르는 권투 선수가 우승자가 될 수 없듯이 나에게도 럭키 펀치는 나타나지 않았다.

글을 다듬으라는 아버지의 말에 나는 내 글을 다시 한번 보았고 공병호 책을 참고해서 내 책의 목차를 수정하기 시작했다. 그리고 목차를 예쁘게 수정해서 다시 한번 투고했다 놀랍게도 며칠이 지나지 않아 연락이 여러 군데서 오기 시작했다. 나의 첫 계약 때의 이야기였으니 내가 얼마나 들뜨고 기뻤는지 작가라면 이해할 것이다.

이후 나는 글을 다듬는 것의 중요성을 알았다. 수없이 거절을 당하면서도 나는 글을 조금씩 다듬었고 그렇게 수없이 거절을 당했던 글도 선인세 200만 원을 받고 계약이 되기도 하였다.

지금 원고가 출판되지 않는다고 절망하지 말라. 이곳저곳 보내다 보면 피드백도 받게 될 것이다. 이를 참조해 고치다 보면 좋은 글이 탄생하고 계약이 되어 성공할 수도 있다. 자신을 믿고 시간을 두고 고쳐 나가자. 당장 보면 잘 안 보이지만 오랜 시간을 두고 보면 글의 문제점이 보인다. 그래서 글은 다듬는 게 중요한 것이다. 글을 다듬어라. 당신의 책이 출판될 수 있는 하나의 비법이다.

퇴고라는 말은 미는 것과 두드리는 것이란 의미로 글을 지을 때 문장을 가다듬는 것을 이른다. 이런 퇴고는 특히 시를 쓸 때 그 효과를 발휘한다. 시인이 단어 하나에 신경을 쓰고 글귀를 배치하는 데는 오랜 노력과 고침이 필요하다.

『칼의 노래』로 유명한 김훈 역시 퇴고에 많은 신경을 썼다. 그는 소설의 첫 문장인 '버려진 섬마다 꽃은 피었다'를 '꽃은 피었다'로 할지 '꽃이 피었다'로 할지를 수없이 고민했다고 한다. 그런 노력이 있기에 그의 책이 성공한 베스트셀러가 된 것일 터이다.

유명한 작가들도 퇴고에 온갖 노력을 기울인다. 당신이 만약 글쓰기 초보라면 당연히 그보다 더한 노력을 해야 한다. 고치고 고쳐라. 그러면 글이 분명 좋아질 것이다.

## 11
# 사회복무요원을 하며 글을 쓰다

나의 첫 책은 사회복무요원을 하면서 쓴 것이다. 처음 쓸 때 나는 참 힘들었다. 근무를 마치고 집에 돌아오면 한 세 시간씩 그렇게 약 두 달 정도의 시간을 걸려 완성한 것 같다. 그때는 책을 쓰지 않고 견딜 수 없는 그런 강렬한 느낌이 계시처럼 내려왔다. 나는 정신없이 이 책, 저 책을 참고하며 글 한 편을 완성했다. 다 쓰고 나니 이빨 서너 개가 빠지는 느낌이었다. 그렇게 글을 쓰는 것이 괴로웠고 황홀했던 순간도 이제는 없다. 지금의 나는 그보다 더 많은 글을 씀에도 별 느낌 없이 쓰는데 첫 경험이 모두 그러하듯이 내게도 참 신기한 경험이었다.

작가가 되고자 했던 나의 꿈은 결국 군대를 가면서 이루어졌다. 가장 절망스럽고 괴로운 시기라고 볼 수 있는 군대 생활이 오히려 나의 꿈을 이루게 했으니 인생사는 정말 새옹지마이다.

내가 글을 쓸 수 있었던 것은 나를 담당했던 계장님 때문이었다. 계장님은 내 삶에 영향을 주었고 내가 글을 쓸 수 있는 영감을 주셨다. 지금은 볼 수 없지만 사회복무요원을 할 때가 종종 떠오른다. 일을 하면서 남는 것은 일보다도 같이 일을 했던 사람들이다. 지금은 볼 수 없지만 그들은 내 기억 속의 한 추억을 담당하고 있다.

# 12

# 하루에 한 장씩 써라

글쓰기가 어렵다면 하루에 한 장씩 써라. 하루에 수십 장을 쓰려고 하니까 절망스럽고 포기하게 되고 어려운 것이다. 하루에 한 장씩만 쓰기로 마음먹는다면 그렇게 어렵지 않다. 한 장을 쓰는 것도 마찬가지이다. 전부 자신의 생각으로 채우려고 하면 어렵다. 적절한 사례를 한두 가지 넣는다면 글의 양도 채워질 뿐만 아니라 글이 훨씬 재미있고 흥미롭게 된다. 또한 논리적인 글쓰기가 가능해진다. 그러므로 자신의 사례와 특정인의 사례를 합쳐 두 가지의 사례를 넣어라. 그리고 자신의 생각을 덧붙여라. 이러면 글쓰기가 재미있어지고 자신의 글에 자신감이 생기게 된다.

글쓰기가 어렵다면 독서 감상문부터 써 보는 것이 좋다. 독후감은 누구나 써 본 경험이 있다. 줄거리를 간추리고 자신의 생각을 몇 줄 적어 보는 전형적인 글쓰기도 좋다. 글을 요약하는 것만으로도 많이 실력이 는다. 혹은 그것이 식상하다면 편지글 등 자유로운 형식으로 독서 감상문을 재미있게 써 보라. 책에 대한 서평만을 모으더라도 출판이 되는 경우도 많다. 그리고 자주 출판되는 형식이기도 하다. 독서광이라면 읽었을 때 좋았던 책들의 서평만을 모아서 출판사에 보내 보자. 뜻하지 않게 출판하자는 긍정적인 대답을 들을 수도 있다.

또한 연습할 수 있는 것은 편지글 형식이다. 요새는 다들 편지를 쓰지 않지만 SNS에 글을 쓰는 것을 생각해 짤막한 글을 적어 보자. 글은 짧게 쓰는 것이 더 힘들다. 그 짧은 글에 의미를 담아야 하기 때문이다. 그러므로 SNS 스타라면 유명한 작가도 될 수 있는 것이다.

이처럼 글쓰기는 하루에 조금씩 연습해도 된다. 하루에 조금씩 나아가다 보면 앞서 말했듯 소가 천 리를 가듯이 자신의 책이 출간되고 일상이 바뀌는 그런 기적도 맞이하게 될 것으로 믿는다.

# 13
# 글쓰기는 재미있다

　나는 처음에는 돈을 벌기 위해 글을 썼다. 돈도 별로 못 벌었으면서 돈을 벌기 위해 글을 썼다니 조금은 우습다. 그렇게 우스운 글쓰기였다. 돈을 많이 벌고 싶었고, 인기 있는 작가가 되어 성공하고 싶었다. 나는 글을 잘 쓰고 싶었고, 그 당시 유행했던 공지영의 산문집을 읽었다. 공지영의 글은 매우 섬세하고 감정을 잘 표현하는 그런 글이었다. 나도 그런 글을 써 보고 싶었다. 이지성 작가가 성공한 뒤로는 그같이 성공한 베스트셀러 작가가 되고 싶었다. 그래서 나는 힘든 와중에도 끝까지 성공한 작가의 삶을 꿈꾸었다.

　성공과 부, 그리고 명예욕까지 나는 욕망을 추구하면서 글을 써 왔다. 그중 성공한 것도 있고 실패한 것도 있다. 하지만 이 책은 조금 다르다. 이 책은 순전히 재미로 쓴 글이다. 이미 스무 권에 가까운 책을 내었기에 더 이상 책에 대한 욕구는 거의 없는 편이다. 나는 글쓰기가 재미있고 글을 써서 행복했다. 그게 바로 내가 글을 쓰는 이유였다. 나는 점점 행복하기 위해 글을 쓰기 시작했고, 그러자 내 주위가 바뀌기 시작했다. 내 이기심에 의해 글을 썼다면 나는 불행해졌을 것이다. 하지만 나보다 남을 생각하고 그런 마음가짐으로 글을 쓰자 점점 행복해졌고, 나도 할 수 있다는 자신감이 들기 시작했다.

　나는 꿈을 이루고 싶었다. 이미 작가로 꿈은 이루었지만, "더 큰 꿈을 vd하라"는 이지성 작가의 말처럼 나 역시 베스트셀러 작가로 크게 성공하여 한 번의 인생을 멋지고 가치 있게 살아 보고 싶었다.

　내게 있어 글쓰기는 꿈을 이루는 도구였다. 글쓰기는 처음에는 괴로웠으나 쓰면 쓸수록 쉬워지고, 재미가 있었다. 글을 쓴 지 13년이 지난 뒤에야 나는 글쓰기에 재미를 붙였다. 되든 안 되든 빈 화면을 채워 가는 것은 분명 재미있다. 이 글이 또 출판될 상상을 하면 또한 즐겁다. 작가가 재미있어야 그 글을 읽는 독자 역시 즐거울 것이라고 믿는다. 나는 쾌락을 가져다주는 그런 글이 쓰고 싶었다. 이 글은 자기계발서이지만 최대한 재미있게 쓰고 싶었다. 그러기 위해서 나는 내 자신의 이야기를 많이 했고 여러 재미있는 일화를 많이 사용하고자 노력했다.

다시 한 번 말하지만 글쓰기는 재미있기 위해서 하는 것이다. 담배 피우고 술 마시고 고통에 쩔어 찡그린 표정으로 쓰는 것이 아니다. 그런 글은 고통스러울 뿐이다. 나는 나도 즐겁고 독자도 즐거운 그런 상부상조할 수 있는 글쓰기를 바란다. 이 글이 그런 글이 되기를 바라 본다.

# 작가의 삶은 행복하다

나는 내 꿈이었던 작가가 되었다. 지금은 세계적인 작가가 되고 싶은 꿈을 꾸고 있지만 지금의 삶이 참 행복하다. 사실 달라진 것은 없다. 하지만 지금은 참 행복하다. 자신의 꿈을 이룬 사람은 다 알 것이다. 자신의 삶이 얼마나 행복한지 말이다. 작가의 삶은 좋다. 책을 보는 것도 좋고 글을 쓰는 것도 좋다. 가장 좋은 것은 글을 통해 소통하는 즐거움이다. 내가 오랜 시간에 걸쳐 쓴 글을 누가 읽는다는 것은 기쁜 일이다. 그리고 그에 대해 이런저런 이야기를 나누는 것도 좋다. 글을 출판사에 보낼 때는 그렇게 설렐 수가 없다. 어느 출판사에서 연락이 올지 기대가 된다. 그리고 수없이 많은 미팅을 했지만 출판사와 미팅을 할 때는 설레고 약간 긴장도 된다.

나를 찾는 사람이 있고 내 글을 기다리고 있는 사람이 있다는 것도 즐거운 일 중에 하나이다. 직접 작가가 되어 보지 않는 사람들은 이런 기쁨과 즐거움에 대해서는 잘 알지 못할 것이다. 그러므로 당신도 작가가 되어 보라. 책 읽기의 즐거움을 아는 사람은 누구나 작가가 될 자격이 있다. 그리고 자신만의 이야기를 담은 작가가 되어서는 인생에서 무기가 하나 더 늘어나는 기분일 것이다.

물론 나는 초등 교사 일도 즐기고 있다. 영어 교사가 된 이후로는 내가 좋아하는 영어를 가르칠 수 있어 참 기쁘고 즐겁다. 영어를 가르쳐서 보람도 있고 재미도 있다. 물론 아이들이 가끔씩 말을 안 듣기도 하지만 그것은 직업상 어쩔 수 없는 일이며 그것을 감내하는 것이 내 역할이라고 받아들이고 있다.

작가로서 안 좋은 점은 출판이 자꾸 틀어지거나 출판 거절을 받는 일인데 요즘도 나는 그런 일을 자주 겪는다. 하지만 그런 경우를 하도 많이 겪어서 지금은 크게 신경 쓰지 않는다. 수백 군데에서 나를 거절하더라도 나를 선택하는 단 한 곳의 출판사만 있으면 되기 때문이다. 나는 그 한 곳의 출판사를 소중히 생각한다.

　당신도 작가가 되어라. 그리고 행복해져라. 자신의 삶에 만족하고 행복하다면 굳이 작가가 되지 않아도 좋을 것이다. 하지만 당신의 직업이 마음에 들지 않는다면 작가라는 또 하나의 직업을 가져라. 나는 당신을 응원한다.

# 글쓰기는 기술이다

나는 글쓰기가 열정이나 노력이라고 생각했다. 하지만 이젠 알겠다. 글쓰기는 기술이다. 그리고 배워야 한다. 물론 열정은 중요하다. 열정은 자동차의 연료에 해당된다. 연료가 없으면 주행이 불가능하다. 하지만 운전면허 딸 때를 생각해 보라. 운전을 열정으로 하는가. 운전은 기술로 하는 것이다. 그리고 그 기술을 배워야 운전을 잘할 수 있는 것이다.

글쓰기도 기술이다. 부디 좋은 선생님을 찾아 배우기를 바란다. 나는 내 힘으로 해 보려고 끙끙대다가 13년 만에 고집을 버리고 스승의 말을 따르기로 했다. 내가 추구하는 글쓰기로는 성공은커녕 실패에서 벗어날 수 없었기 때문이었다.

그리고 글쓰기를 하고 싶다면 시중에 나와 있는 글쓰기에 대한 책을 많이 읽어 보라. 그 책들은 글쓰기에 많이 도움이 된다. 특히 어린이를 위한 글쓰기 책을 읽어라. 그 책들은 쉽게 글을 잘 쓸 수 있는 기초를 잘 다져 준다.

나 역시 소설의 기본적인 기법과 일반서를 쓰는 요령 같은 것을 책을 통해 배울 수 있었다. 물론 직접 배우는 데는 돈이 많이 든다. 하지만 고생고생해서 글을 쓰느니 차라서 많은 돈을 내고 배우는 것도 괜찮겠다는 생각이 든다.

그러므로 글쓰기가 어려운 사람이여, 혼자 할 자신이 있다면 책을 보고 스스로 시도하고, 혼자서는 도저히 어렵다고 생각한다면 전문가의 도움을 받아라. 요즘에는 많은 글쓰기 코치가 있다. 그들이 성심성의껏 당신을 도와줄 것이다.

# 16
# 자세히 써야 재미있다

글쓰기에 한 가지 팁을 주자면 자세히 쓸수록 재미있다는 것이다. 어떤 사건이나 주제에 관해 자세히 써라. 그러면 재미가 있을 것이다. 자세히 쓰면 깊이가 있기에 흥미도 더해진다.

또 하나의 팁을 주자면 주인공을 힘들게 하라는 것이다. 주인공을 위기에 빠뜨리고 힘들게 하면 할수록 소설은 재미있어 진다. 그렇게 힘들게 하고 주인공이 헤쳐 나가는 장면을 그리며 몰입도가 있는 소설이 완성되는 것이다. 내가 말한 것은 어린이용 책에 있는 가장 기초적인 것들을 말하는 것이다. 자기계발서도 마찬가지일 것이다. 자신의 힘들었던 점과 그 일을 이겨냈던 경험을 담아라.

하지만 어른이 되어서도 이런 기초적인 것들도 모르는 사람들이 있다. 이들은 어린이용 글쓰기 교재를 보고 다시 기초부터 배워야 한다.

나 역시 글을 잘 못 썼기에 글쓰기 책을 읽으면서 배울 수밖에 없었다. 그동안 나는 참 자만했다는 생각이 든다. 무슨 배짱으로 남에게 배우지도 않고 글쓰기를 자유자재로 하며 대한민국에서 1등을 하겠다는 생각을 했는지 말이다. 이제는 남들에게 고개를 숙이면서 배우러 다니고 싶다. 나보다 더 뛰어난 사람들이 정말로 많다는 것을 알았기 때문이다.

# 존경받고 싶다면 책을 써라

나의 두 번째 책이 나온 뒤로 나는 친구들에게 나의 책을 보냈다. 그리고 친구에게 존경스럽다는 말을 들었다. 친척들을 만나서도 마찬가지였다. 나에 대해 관심을 갖고 책에 대해 이것저것 물어보았다. 일반인이 책을 많이 내는 지금에도 책을 낸다는 것은 쉬운 일이 아니다. 그래서 책을 한 권 내게 되면 사람들에게 인정과 칭찬을 받게 마련이다. 나는 그것을 바라고 책을 낸 것은 아니었다. 다만 성공하고 싶었고 명예를 얻고 싶은 마음이 많았다.

당신 역시 일정한 성취를 이루었더라도 직장 밖을 벗어나면 그냥 아저씨, 아줌마로 불리는 경우가 많을 것이다. 집 안에서는 은영이 엄마, 철수 아빠로 불릴 테지만 밖에 나가면 그냥 일반 사람과 마찬가지의 대접을 받을 것이다. 하지만 나는 책을 쓴 이후로는 저자와 작가로 불리고 있다. 아무것도 아닌 내가 저자님이라는 대접을 받게 된 것이다. 사회는 약자에게 잔인하다. 그들의 삶을 노예 취급하면서 그들을 그냥 로봇처럼 대하기 일쑤이다. 나는 사회복무요원을 하면서 그런 것을 많이 느꼈다. 나는 하나의 인부이자 일꾼에 불과했다. 하지만 나는 사회적으로 성공하고 싶었고 내 이름을 알리고 싶었고 보다 높은 대접을 받고 싶었다. 그것은 누구나 꿈꾸는 것이다. 누구도 그저 인부 취급을 당하고 싶지는 않다. 그래서 나는 더 독하게 책을 읽고 책을 썼다. 당신 역시 평범한 A씨에서 벗어나려면 책을 써 보는 것은 어떠한가. 물론 훌륭한 직장에 들어가면 '김 대리', '차 팀장', '마 부장' 등 호칭으로 불린다. 하지만 그것은 직장에 있을 때뿐이다. 직장을 벗어나면 행인 취급을 당할 뿐이다. 당신의 직장은 영원한가? 그렇지 않을 것이다.

평생 자신이 갖고 가야 할 정체성은 그러한 것은 아니다. 당신의 삶에 정체성을 부여하고 자신의 개성을 펼칠 수 있는 것은 일종의 예술 행위이다. 그중 글쓰기는 가장 돈이 적게 들고, 진입장벽이 낮은 분야 중에하나이다. 책이 없다면 도서관에 가서 읽으면 된다. 필요한 것은 종이와연필, 그리고 아주 저사양의 노트북 한 대만 있으면 오케이인 셈이다. 그림이나 악기와 같은 경우는 무척 돈이 많이 든다. 진입장벽이 높다. 부유한 사람만이 자녀에게 이런 투자를 한다. 레슨비도 수백만 원이 든다. 성공 확률도 희박하다. 그에 비해 작가는 더 성공 확률이 높다. 물론 어려움은 있다. 하지만 도전해 볼 만하다. 이제 당신의 삶을 바꾸기 위해 글쓰기에 도전해 보는 것은 어떤가. 나는 꼭 이 길만 있다고 말하는 것은아니다. 당신의 삶을 바꿀 수 있는 하나의 방법 중의 하나로 권하는 것이다. 한번 도전해 보라.

# 일단 읽어라

"작가가 되고 싶다면 무엇보다 두 가지 일을 반드시 해야 한다. 많이 읽고 많이 쓰는 것이다. 이 두 가지를 슬쩍 피해 갈 수 있는 방법은 없다. 지름길도 없다."

독서가 정말 중요한 까닭은 우리가 독서를 통하여 창작의 과정에 친숙해지고 또한 그 과정이 편안해지기 때문이다. 책을 읽는 사람은 작가의 나라에 입국하는 각종 서류와 증명서를 갖추는 셈이다. 꾸준히 책을 읽으면 언젠가는 자의식을 느끼지 않으면서 열심히 글을 쓸 수 있는 어떤 지점에 이르게 된다. 그리고 이미 남들이 써먹은 것은 무엇이고 아직 쓰지 않은 것은 무엇인지, 진부한 것은 무엇이고 새로운 것은 무엇인지, 여전히 효과적인 것은 무엇이고 지면에서 죽어가는 것은 무엇인지 등등에 대하여 점점 더 많은 것들을 알게 된다. 그리하여 책을 많이 읽으면 읽을수록 여러분이 펜이나 워드 프로세서를 가지고 쓸데없이 바보짓을 할 가능성도 점점 줄어드는 것이다."

- 스티븐 킹, 『유혹하는 글쓰기』

글을 쓰고 싶다면 일단 읽어야 한다. 충분한 독서가 바탕이 되어야 좋은 글이 나올 수 있다. 스티븐 킹 역시 같은 생각이다. 독서가 바탕이 되어야 작가로서의 삶이 가능해진다. 스티븐 킹은 책을 읽지 않으면서 작가가 되려는 사람은 헛소리를 하는 것이라고 하였다.

모든 작가가 그렇겠지만 나 역시 작가가 될 수 있었던 것은 어렸을 때부터 많은 책을 읽어 왔기에 가능한 일이다. 그 책들은 알게 모르게 나의 정신세계에 많은 영향을 주었고 내가 글을 쓸 때 자연히 배어 나와 나의 글의 질을 좋게 만드는 데 많은 도움을 주었다. 작가가 되고 싶은가? 일단 책부터 읽어라. 한 주제에 관해 책을 쓰고 싶다면 적게는 10권에서 100여 권에 가까운 그 주제에 관련된 책을 읽어야 한다. 그래서 어떤 내용이 쓰여 있고 어떤 내용이 쓰여 있지 않은지 분석해 보라. 그러면 당신의 책은 베스트셀러가 될 가능성이 높아질 것이다.

그 어떤 작가도 독서 없이 혜성처럼 나타난 사람은 없다. 알게 모르게 독서가 바탕이 된 경우가 많다. 성인이 되어 많이 안 읽은 사람도 있는데 그럴 경우 대개 어릴 때 많은 책을 읽었던 경우가 많다. 감옥에 갇혀 책만 읽은 사람은 작가가 될 가능성이 높으나 사회에 나와 아무것도 읽지 않은 사람은 작가가 될 확률이 낮다. 작가가 되기 위해서는 직접 경험도 중요하지만 꼭 직접 경험이 필요하지는 않다는 것이다. 오히려 작가가 되기 위해서는 상상력이 중요하다. 이제 알겠는가. 작가가 되기 위해서는 독서가 첫째이다.

# 글쓰기는 내면의 상처를 치유한다

글쓰기는 내면의 상처를 치유하는 힘이 있다. 내가 시에 빠졌던 것, 책에 빠졌던 것은 내 내면의 상처 때문이었다. 우리는 살아가면서 사람들로부터 여러 가지 상처를 받게 된다. 그 상처는 내면을 잠식해 우울증 등 다양한 신체적 반응으로 나타나게 된다. 그래서 병원에 가거나 상담을 받아도 쉽게 치유되지 않는 것들이 대부분이다. 하지만 효과적인 치유책이 있으니 바로 그것은 글쓰기이다. 글을 쓰면서 내면의 모습을 관찰하다 보면 자신도 모르게 자신의 마음이 치유됨을 느낄 수 있다. 아무에게도 못했던 말들, 괴로웠던 일, 지긋지긋했던 일 등을 원고지에 옮기다 보면 자신도 모르게 카타르시스가 느껴지고 해방감을 느낀다. 모든 괴롭고 좋지 않았던 기억은 원고지 속으로 묻어 버리고 새로운 모습으로 현실세계를 당당히 살아가면 되는 것이다.

박미라 씨는 『치유하는 글쓰기』에서 이렇게 말한다.

> "글쓰기는 참 탁월한 도구다. 단 한 문장으로도, 서툰 솜씨로도, 아무렇게나 끼적인 낙서로도 치유의 효과가 나타나기 때문이다. 마음 치유의 방법은 아주 다양한데, 글쓰기 안에 그 모든 게 들어 있다."

마음의 상처가 있는가. 그러면 글쓰기를 하라. 글쓰기를 해서 꼭 출판이 되고 또 베스트셀러가 되어야 좋은 게 아니다. 심지어 출판이 되지 않을지라도 글쓰기의 시간은 결코 헛된 게 아니다. 자신의 삶을 반성하게 되고 상처를 치유하는 힘이 있기 때문이다. 그러므로 주위에 상처받은 자가 있다면 글쓰기를 권해라.

# 20
# 출판사의 거절을 거절하라


책을 출판사에서 출판하려는 사람이 피할 수 없는 것이 있으니 그것이 출판사의 거절이다.

나 역시 많은 책을 출간한 저자이기는 하지만 수백 번 출판사의 거절을 당했다. 첫 번째 책은 오히려 출간 거절이 적었다. 하지만 2번째는 하도 많이 거절당해서 정신이 없을 정도였다. 아무리 노력해도 안 된다는 생각을 하곤 했다. 그러던 내가 지금은 다르다. 웬만하면 출판사와 계약이 되고 있다. 그만큼 나의 글쓰기가 발전했기 때문이다.

출판사의 거절은 좀 더 배우라는 의미로 받아들여라. 다시 한 번 글을 보고, 글쓰기 책도 보고, 필사도 해 보고, 작가 수업도 받아 보고 좀 더 노력해라. 출판사의 눈은 거의 정확하다. 내가 좋은 글은 남도 좋고 남이 좋은 글은 나도 좋다. 출판사가 잘못 보고 있는 것이 아니라는 말이다. 나 역시 처음에는 출판사를 원망했으나 내 글이 좋지 않음을 알고부터 노력했다.

당신 역시 첫 책을 투고하고자 하는 초보 작가라면 출판사의 거절을 웃으면서 받아들일 수 있어야 한다.

기존의 유명한 작가라고 해서 항상 출판사의 환영을 받는 것은 아니다. 수백 권대의 출판사가 거절했을지라도 나의 글을 출간하고자 하는 단 하나의 출판사가 있다면 책은 출판될 수 있다. 그 한 군데의 출판사를 소중이 여기고 고맙게 생각해야 한다.

『해리포터』의 작가 조앤 롤링도 출판사에서 여러 번 퇴짜를 받았고, 『스누피』로 유명한 찰스 슐츠도 수백 번 거절당했다. 강풀 역시 수없이 많은 거절을 당하고 인터넷에 자기만의 페이지를 만들어 스스로 작품을 올렸다. 『연탄길』의 작가 이철환도 수없이 거절당했으며, 『바람과 함께 사라지다』를 쓴 마거릿 미첼 역시 출간을 하기 위해 몇 년을 기다려야 했다.

출판사의 거절은 유명 작가들도 겪는 일이다. 출판사의 거절에 위축되거나 절망하지 말고 더 배워서 오라는 의미로 받아들여 좀 더 나은 글로 출판사를 찾아가라. 진짜 좋은 글이면 보내자마자 연락이 온다.

# 21

# 출간 계획서 쓰기

원고를 다 썼다면 출판사에 투고를 해야 한다. 출판사에서는 개인 프로필이나 원고 이외에도 출간 계획서를 요구하는 곳이 있다. 이를 위해 출간 기획서 쓰는 법을 배워 보자.

출간 계획서에는 다음과 같은 내용이 들어간다.

## ⁝;기획 의도

이 글을 쓰려는 의도를 기록한다. 경쟁 도서와 차별화되는 점을 상세히 적는다.

독자는 이 책을 통해 어떤 욕구를 해결할 수 있는지 설명한다. 이 책이 성공할 수밖에 없는 이유를 논리적으로 설명한다. 왜 지금 이 책이 출간되어야 하는지에 대한 기획 배경을 설득력 있게 쓴다.

## ⁝;가제

책의 주제와 콘셉트를 알 수 있는 제목을 정한다. 한눈에 꽂히는 섹시한 제목으로 정해야 한다. 독자의 눈길을 끄는 제목과 책에 어떤 내용을 담았는지 알 수 있는 부제를 서술형으로 쓴다.

### ;예상 원고 내용

쓰고자 하는 원고의 내용에 대해 상세히 기록한다. 원고의 방향을 명시한다.

### ;저자 프로필

저자 프로필과 함께 자신만의 경쟁력을 풀어서 쓴다. 포지셔닝된 프로필을 쓴다.

### ;타깃 독자

어떤 독자를 염두에 두고 썼는지 쓴다. 모두를 만족시키려는 책은 그 누구도 만족시킬 수 없다. 명확한 타깃 독자가 있어야 한다.

### ;경쟁 도서

비슷한 주제와 콘셉트로 쓰인 경쟁 도서를 분석한 뒤 그 책들과 자신이 쓰고자 하는 책의 장점을 쓴다. 경쟁 도서는 많이 분석할수록 좋으며 어떤 책이 있는지 리스트를 미리 정리해 둔다.

## ⠿ 집필 기간

데드라인을 정한다. 최대한 빨리 쓰는 것이 좋다. 늦어질수록 할 수 없는 이유들이 생겨나는 것을 명심해야 한다. 무조건 두 달 안에 집필을 끝내기로 결심한다.


## ⠿ 마케팅 전략

책이 출간된 후 어떻게 책을 홍보할 것인지 생각하고 활용할 수 있는 마케팅 전략을 기록한다. 마케팅을 출판사에 전적으로 맡겨서는 안 된다. 적극적으로 자신의 저서를 알리기 위한 구체적인 방법을 적는다. 저자 강연이나 블로그 마케팅 등 자신이 할 수 있는 모든 마케팅 방법을 생각해 본다.

필자는 초기에 출간 계획서를 잘 쓰지 않았다. 하지만 이제는 출간 계획서의 중요성을 알 것 같다. 출판사와 미팅을 하게 되면 하는 대화의 내용은 출간 계획서에 나온 것들에 대한 내용이다. 필자의 경우, 타깃팅, 경쟁 도서, 마케팅, 집필 기간 등의 대화를 주로 나누었다. 애초에 출간 계획서를 보냈더라면 굳이 만나서 말할 필요가 있었을까.

초보는 출간 계획서 쓰기가 쉽지 않다. 나도 처음에는 전혀 설득력 없는 출간 계획서를 적었다. 하지만 책을 내면서 알게 되었다. 당신도 이를 참조해 좋은 출간 계획서를 작성하라.

# 그냥 써라

글쓰기의 비법은 '비법 없음'이다. 영화 〈쿵푸팬더〉에서는 팬더가 용의 전사가 되기 위해 노력한다. 그리고 팬더는 마침내 용의 전사가 되는 용의 문서를 보게 되는데 그 안에는 아무것도 적혀 있지 않다. 그리고 팬더 아빠의 국수의 비법은 '비법 없음'이라는 말을 듣고 용의 전사가 되는 데에도 아무 비법이 필요하지 않다는 것을 알게 된다.

글쓰기 역시 마찬가지이다. 어떻게 글을 쓰냐고? 계속 그냥 쓰면 된다. 쓰다 보면 알게 된다. 무식한 방법이라고 생각될지는 모르지만 어떻게 쓰는가는 써 보아야 알게 된다. 『책 쓰기의 나비 효과』를 쓴 김진섭 작가가 있다. 그 역시 글쓰기와는 거리가 먼 인생을 살았다. 그는 서른이 되기까지 글쓰기를 제대로 해 본 적이 없다. 그럼에도 그는 시나리오 쓰기에 도전해 무조건 쓰기 시작한다. 처음의 글쓰기는 엉망이었다. 하지만 시간이 지날수록 차츰 나아져 자신의 시나리오를 팔기에 이른다.

이 글을 읽는 당신도 마찬가지이다. 처음에는 어떻게 써야 할지 모를 것이다. 글쓰기의 고수에게 가 봐도 딱히 방법은 없을 것이다. 왜냐하면 자신의 글은 자신이 써야 하는 것이기 때문이다. 누구도 당신의 글을 대신 써 줄 수는 없다. 대필이라는 방법이 있기는 하나 남이 대신 써 준 글로 뭘 하려고 하는가. 그건 의미가 없는 일이다.

지금 당장 자리에 앉으라. 지금 당신의 마음이 달려가는 무언가가 있다면, 그것이 무엇이든지 그대로 적어 내려가라. 제발 어떤 기준에 맞춰 글을 조절하지는 말라. 무엇이 다가오더라도 지금 이 순간의 것을 잡아라. 손을 멈추지 말

고 계속 쓰기만 하라. (중략)

그래도 또 다른 노트를 꺼내 다른 만년필을 잡고 쓰라, 그냥 쓰고, 또 쓰라. 세상의 한복판으로 긍정의 발걸음을 다시 한번 떼어 놓아라. 혼돈에 빠진 인생의 한복판에 분명한 행동 하나를 만드는 것이다. 그렇다. 그냥 써라.

- 나탈리 골드버그, 『뼛속까지 내려가서 써라』

『뼛속까지 내려가서 써라』의 나탈리 골드버그 역시 그냥 쓰라고 말한다. 우리에게 방법은 없다. 그냥 쓰고 마음이 내키는 대로 계속 쓰는 것뿐이다. 이 같은 단순한 방법으로 우리는 책을 읽는 독자에서 저자가 될 수 있다. 자신이 글이 틀릴 것을 걱정하는가. 그건 걱정할 필요가 없다. 우리에게 고쳐 쓰기라는 다음 단계가 있기 때문이다. 초고는 일단 생각나는 대로 써 내려가는 것이 상책이다.

# 일기를 써라

가장 쉬운 글쓰기는 일기를 쓰는 것이다. 일기는 초등학생부터 쓰는 것이지만 학교를 졸업하고 사회인이 돼서도 쓰는 사람은 거의 없다. 하지만 사회인이 되어서도 일기를 쓴다면 이는 다른 사람과 나를 구분해 주는 좋은 무기가 된다. 일기를 통해 하루를 반성하고 미래를 계획할 수 있다면 일기는 매우 유익한 활동이 되는 것이다. 그리고 일기 쓰기의 좋은 점은 글쓰기 실력이 계발될 수 있다는 점이다. 흔히 나오는 에세이는 모두 일기 스타일의 글을 조금씩 변형한 것이다. 자유로운 마인드로 일기를 잘 쓴다면 그것을 모아 에세이 북으로 출간하여 작가가 될 수도 있는 것이다.

또 하나 추천하고 싶은 것은 감사 일기이다. 이것은 일기와는 별도로 자신의 하루에서 감사할 일을 10가지 정도 적어 보는 것이다. 처음에는 감사할 것을 찾는 것이 힘들지는 몰라도 감사할 거리를 찾다 보면 진정으로 인생에 감사하고 있다는 것을 깨닫는다. 이는 감사하기 때문에 일기를 적는 것이 아니다. 감사하다고 일기를 적기 때문에 감사해지는 것이다. 그런 척하다 보면 그렇게 되는 것처럼 감사하다 보면 진정으로 감사하고 행복해진다.

감사 일기와 더불어 쓸 수 있는 것은 미래 감사 일기이다. 미래의 일을 현재형으로 쓰면서 자신이 이루고자 하는 것에 대한 내용을 적어 보고 미리 감사를 하는 것이다. 실제로 미래 감사 일기를 통해 성공을 거머쥔 사람들이 많이 있다.

나 역시 일기 쓰기를 초등학생부터 싫어했던 아이였다. 하지만 어른이 되어 일기 쓰기를 시작했고 이는 나를 작가로 만들었다. 모든 작가의 시작은 *끄적거림*에서 온다. 그리고 그 *끄적거림*이 시작될 수 있는 작은 글쓰기가 바로 일기이다.

# 글은 언제 쓰는가?

글을 쓰는 시간은 따로 정해져 있지 않다. 전업 작가일 경우에는 자신이 원하는 시간에 글을 쓸 수 있겠지만 직업을 가지고 있는 사람이라면 글 쓸 시간을 빼내기란 쉬운 일이 아니다. 그렇다면 언제 시간이 날까. 아마도 찾을 수 있는 시간은 퇴근 후의 시간이나 출근하기 전인 새벽 시간일 것이다. 그리고 주말이나 휴가 때 책을 쓸 시간이 있을 것이다.

내 경우에는 아침에 일어나기 힘들고 글도 잘 쓰여지지 않아서 주로 저녁시간을 이용해 책을 썼다. 내 책의 대부분은 밤에 쓴 것들이다. 그리고 나는 주말과 방학 기간을 이용해서 책을 썼다.

많은 작가들은 새벽에 글을 쓰라고 말한다. 아침에 창의성이 최고조에 오른다는 것이다. 실제로 전업 작가의 경우에도 오전에 글을 쓰는 경우가 많다. 아마 하루의 시작을 책 쓰기로 시작하는 것이 더 좋기 때문일 것이다.

하지만 새벽에 쓰든 저녁에 쓰든 어떤 시간에 쓸 것인가는 정해져 있지 않다. 자신이 가장 글이 잘 쓰여지는 시간에 쓰면 될 것이다.

예를 들어 신경숙, 윤성희와 같은 작가는 새벽에 일어나서 글을 쓰는 새벽형 작가이다. 그에 비해 황석영, 조경란 등은 올빼미형 작가로서 밤에 글을 쓰고 낮에 수면을 취한다.

한편 소설가 조현 씨는 평일에는 작업하기가 힘들어 주말을 이용해 글을 쓴다고 한다.

이처럼 작가마다 글을 쓰는 시간은 천차만별이다. 자신에게 알맞은 방법을 찾아 글을 쓰는 게 좋다. 시행착오는 조금 있을 수 있다. 하지만 분명 자신에게 맞는 시간을 찾을 수 있을 것이다.

## 25
# 글쓰기는 배운 사람만 할 수 있다?

글쓰기는 배운 사람만 할 수 있다는 편견이 있다. 문예창작과나 국문학과를 나온 사람들, 그리고 신춘문예에 등단하는 사람만이 할 수 있다는 생각을 하는 경우도 있다. 실제로 이는 틀린 말은 아니다. 하지만 시나 소설과 같이 문학적인 영역이 아니라면 평범한 일반인도 충분히 책을 쓸 수 있다. 그 증거는 나 자신이다. 나는 자기계발서과 같은 일반서뿐만 아니라 소설과 시 부문에 이르기까지의 책을 썼다. 하지만 나는 글쓰기를 따로 배운 적이 없다. 남의 글을 읽어 가며 열심히 모방하고 따라해 보았을 뿐이다.

현대는 누구나 작가가 될 수 있는 시대이다. 최근 일반인들의 글쓰기가 핫하다. 일반인 글쓰기에 대한 책들도 늘어나고 있고 책 쓰기를 가르쳐 준다는 강사도 늘어나고 있다.

이는 누구나 글을 쓸 수 있다는 것을 의미한다. 운이 좋으면 베스트셀러 작가가 되어 스타가 될 수도 있는 것이다.

글쓰기는 못 배운 사람도 할 수 있다. 왜냐하면 글쓰기의 요점은 바로 콘텐츠이기 때문이다. 맞춤법이나 문장력과 같은 부분도 물론 중요하다. 하지만 이는 출판사에서 교정이나 윤문으로 커버가 가능하다. 중요한 것은 내 삶에 어떤 특별한 점이 있는가 하는 것이다. 이것을 갖추고 있으면 충분히 기획되어 출판이 된다. 그러므로 작가는 배운 사람만이 한다는 편견을 버리고 글쓰기에 도전하라. 당신도 작가가 될 수 있다.

# 26
# 목차를 짜라

책을 쓸 때는 목차를 짜야 한다. 목차는 집을 짓는 설계도와 마찬가지이다. 설계도가 잘못되어 있으면 집을 세울 수 없다. 부끄럽게도 나는 처음에 목차 없이 책을 썼다. 운 좋게 출간될 수 있었지만 많이 부족한 책이었다. 그 이후로도 나는 목차를 잘 짜지 않고 무작정 시작하는 스타일이었다. 하지만 제멋대로의 펀치가 상대의 얼굴을 때릴 수 없듯이 나의 글도 엎치락뒤치락했고 출간이 되었다가 안 되었다가 했다.

내가 쓴 『된다고 생각하면 진짜 그렇게 된다』는 목차를 먼저 짜고 글을 쓴 책이다. 이 책 역시 목차를 먼저 짜고 나서 글을 쓰기 시작했다. 목차를 먼저 짜면 독자가 보기에도 유용하지만 사실 저자에게 좋다. 글을 쓰는 것이 훨씬 쉽기 때문이다. 사실 목차만 제대로 짜여 있다면 글은 얼마든지 쓸 수 있다.

물론 목차 짜기는 힘들다. 초보자로서는 더욱 힘들지도 모른다. 그렇다면 일단 써 내려가라. 나중에 목차를 붙이는 방법도 있다. 내 첫 번째 책이 바로 나중에 목차를 다듬어 출간에 성공한 경우이다.

여기서는 나의 책 『화려한 비상을 꿈꿔라』의 책의 목차를 살펴보자.

이처럼 목차는 주제별로 내용이 잘 나누어져 있어야 할 뿐만 아니라 각 장이 유기적으로 연결되어야 한다. 이는 목차를 짜지 않고 써서는 이루어질 수 없는 일이다. 잘 짜여진 목차는 글의 수준과 질을 높이고 독자에게 더 영향력을 행사할 수 있다. 저자로서 성공하고자 한다면 목차를 잘 짜야 한다. 그리고 이는 불가능한 일은 아니다. 어떻게 짜야 할지 모르겠다면 경쟁 도서를 분석해 가면서 목차를 짜 보자. 새로운 내용은 그 제목을 본떠 목차에 넣고, 비슷한 내용은 버리는 식이다. 나 역시 독서법, 공부법, 글쓰기법 등에 관한 여러 책을 보면서 목차에 넣을 내용과 넣지 않을 내용을 구분했다.

# 27

# 글쓰기는 성공의 핵심이다

하버드 대학교의 리처드 라이트 교수는 그의 저서 『하버드 수재 1600명의 공부법』에서 글쓰기의 중요성을 강조하며 로빈우드 박사의 사례를 소개한다. 로빈우드 박사는 자신의 논문 작업을 위해 1977년 이후의 하버드 대학교 졸업생을 대상으로 연구 조사를 진행했는데 당시 질문 항목 중 하나가 '다음에 열거한 열두 가지 기술이 현재 당신이 하는 일에 얼마나 중요합니까?'였다. 이 질문에 졸업생의 90퍼센트 이상이 글을 잘 쓰는 기술을 가장 중요한 능력으로 답했다. 세상과 적극적으로 소통하기 위해 자신의 생각과 의견을 설득력 있게 표현할 줄 아는 능력이 성공의 핵심이라는 것이다.

대한민국에 알려진 성공자들을 보면 하나같이 자신의 개인 저서를 가지고 있다. 진짜 성공하면 내 인생을 다른 사람이 써 준다. 그리고 그렇지 않더라도 전문 지식을 가지고 있으면 자신만의 노하우가 담긴 저서를 갖게 된다.

나 역시 세상에 조금이나마 알려질 수 있었던 것은 나의 개인 저서가 있었기 때문이다. 개인 저서를 갖는 것은 그렇게 어려운 일이 아니다. 자신의 인생과 자신의 분야에 대한 전문성이 있다면 누구나 도전할 수 있는 것이 작가의 세계이기 때문이다. 이 저서는 나를 대신해 나 자신을 나타내는 가장 강력한 성공의 도구이다. 이 도구를 잘 활용해 사회 속에서 자신을 세우는 일을 하기를 바란다.

## 28
# 글은 자신의 생각을 적는 것이다

앞서 말한 바와 같이 글은 자신의 생각을 적는 것이다. 생각이 없는 사람은 작가가 되지 못한다. 바꿔 말하면 생각을 많이 하는 사람이 작가가 될 수 있다. 이런 생각은 어떻게 드는가 하면 다른 책들을 많이 읽을 때 여러 생각이 떠오른다. 이른바 독서는 글쓰기의 필수적인 행동이라는 것이다. 그리고 선천적으로 사색을 잘하는 사람이 있다. 이런 사람은 책을 읽지 않아도 혁명적인 생각을 내놓는다. 이런 사람을 우리들은 천재 사상가라고 부른다. 하지만 이런 사람은 극히 드물고 우리는 단지 책을 읽음으로써 여러 가지 생각의 맛을 조금이라도 보는 그런 사람이 되어야 한다.

생각을 잘하려면 철학책을 읽는 것이 좋다. 철학책은 우리에게 생각하는 방법을 가르쳐 준다. 자신의 생각이 옳고 다른 사람의 지지를 얻으면 베스트셀러 작가가 된다. 하지만 생각이 옳지 않고 다른 사람의 지지를 받지 못하면 출판해서도 별로 팔리지 않는 책이 되고 만다. 하지만 그 시대를 벗어나 천재적인 생각을 하는 사람도 있다. 니체의 경우인데 생존 당시에는 거의 팔리지 않았으나, 사후 재평가가 이루어져 엄청난 사상가로 지금은 인식되고 있다.

책을 쓰고 싶다면 자신의 생각을 적어라. 그 생각이 지지를 받을지 외로운 생각이 될지는 모르지만 그것만이 작가가 되는 길이다.

# 3장

# 공부에
# 미쳐라

## 01
# 직장인이 공부에 미쳐야 하는 이유

이제 학교 다닐 때만 공부하는 시대는 끝났다. 평생 학습의 시대가 열린 것이다. 직장을 다니면서 공부를 하는 사람을 뜻하는 '샐러던트'라는 말도 생겼다. 이제 공부는 어느 나이에나 필수적인 것이 되어 버린 것이다. 지금 시대에 공부를 하지 않으면 회사에서의 자리가 흔들릴 뿐만 아니라 생존 자체가 힘겨워지게 되었다. 꾸준히 지속적으로 자기계발을 하지 않으면 언제 퇴출될지 모르는 시대이다. 그러므로 직장인이라도 공부를 계속해야 할 것이다.

실제로 많은 직장인들이 공부에 신경을 쓰고 있다. 뒤늦게 대학원을 다니기도 하고 영어 공부 또는 인문학 공부를 위해 책을 읽기도 한다.

보다 효율적인 공부를 위해서는 목표를 분명히 정하고 하루에 적은 시간이라도 꼭 실천하는 것이 필요하다. 필자는 영어 학원을 다녔는데 여러 직장인들이 늦은 나이에도 영어 학습에 열을 올리는 것을 보았다. 영어뿐만 아니라 어느 공부도 마찬가지이다. 열정으로 열심히 하지 않으면 실력이 늘지 않는다. 공부를 하는 데 필요한 것은 어느 정도의 열정과 그것을 지속시킬 수 있는 기술이다.

# 독서는 모든 공부의 기본이다

독서는 모든 공부의 기본이다. 독해력이 있는 아이는 국어 성적뿐만 아니라 다른 과목의 성적도 높다. 그래서 옛 선비들은 그렇게 책을 읽는 것을 중요시했다. 옛 선비들은 지금처럼 눈으로 읽지 않았다. 크게 소리 내어 암송하듯이 읽었다. 소리 내어 읽으면 그 내용이 내 머릿속으로 더 잘 들어온다. 옛 선비는 그 사실을 알았던 셈이다.

공부를 잘 못 하는 학생이 있다면 좋아하는 책부터 읽혀야 한다. 만화 책이라도 좋다. 요즘 나오는 흥미로운 학습 만화는 일반서 못지않다. 그 렇게 책에 흥미를 갖다 보면 많은 책을 읽게 되고 독해력이 좋아져 모든 과목의 성적이 오르는 현상이 나타나게 된다.

우리가 시험을 칠 때도 마찬가지이다. 모든 시험의 기본은 책 읽기부 터 시작된다. 우리가 대학을 가거나 사회에 진출할 때에도 독서는 중요한 역할을 한다는 것이다. 그런데 우리 직장인의 사정은 어떠한가. 취직과 동시에 책은 저 멀리 갖다 버린 것이 아닌가. 성인의 독서량이 1달에 한 권도 안 된다는 연구 결과가 있다. 다른 선진국들에 비하면 턱없이 부족 한 독서량이다. 하지만 나는 우리나라 민족의 저력을 믿는다. 한번 흥이 붙으면 맹렬하게 활활 타오르는 민족이 바로 우리나라 민족의 정서이다. 이 나라 사람들이 한번 독서에 불이 붙으면 그것은 누구도 말릴 수 없는 큰 불이 되어 세상을 태우게 될 것이라고 믿는다. 그러기 위해서 우리에 게 필요한 것은 당장 10분이라도 내어서 책을 조금씩이라도 읽어 나가는 것이다. 자기 전 10분만 활용해도 많은 양의 책을 읽을 수 있다.

# 영어 공부는 꾸준히 하라

외국에서 여러 해 동안 살아온 사람일지라도 환경이 바뀌어 영어를 사용하지 않는다면 그 사람의 영어 실력은 하락한다고 한다. 어찌 보면 당연한 말이다. 그래서 영어 공부는 꾸준히 해야 한다. 언어라는 것이 그렇다. 순식간에 늘지도 않고 순식간에 줄지도 않는다. 하지만 공부를 계속하다 보면 한 단계 높은 실력을 갖게 된다. 그래서 어학 실력은 계단식으로 증가한다. 일정 기간 늘지 않다가 갑자기 느는 것이다.

나 역시 영어 실력이 좋지는 않았다. 중학교 때는 80점대를 계속 맞았고 고등학교 와서는 모의고사 1등급을 놓치지는 않았지만 수능 때는 2등급을 맞았다. 나는 고등학교 때 사범대 영어교육과와 교대 사이에서 고민했는데 중고등학교 교사가 되는 건 힘들 것 같아서 교대를 선택했다. 그렇게 영어를 공부할 이유가 없어지자 그때부터 영어를 조금 등한시했다. 하지만 영어를 좋아했기에 토익 시험도 준비해서 보았고 회화 학원에 다니기도 했다.

최근 들어 다시 나는 영어 공부를 시작하게 되었는데 학교의 영어 전담으로 영어를 가르쳐야 하는 실제적인 문제에 부딪혔기 때문이었다. 고등학교 실력을 회복하는 데 서너 달이 걸렸다. 사실 내 영어 실력의 대부분은 고등학교 때 실력이다. 나는 고등학교 때 영어 공부에 많은 시간을 투자했는데 영어 공부를 하다 보면 내가 시험을 준비하는 사람이 아니라 다른 세계에 있는 사람같이 느껴져서 좋았다. 이른바 현실 도피용으로 영어 공부를 했던 셈이다.

지금은 아이들을 잘 가르치고 있다. 보다 더 잘 가르치고 싶다는 생각이 든다. 그래서 최근에는 전화 영어도 하기 시작했고 내 영어 실력을 더 키워 아이들에게도 긍정적인 영향력을 주고 싶다.

# 영어 원서는 만화책부터 읽는다

영어 원서 읽기는 쉽지 않다. 그래서 영어 원서는 쉬운 것부터 읽어야 한다. 어른이 된다면 동화책을 꺼내기는 쑥스러운 일이다. 하지만 동화책을 읽어 보라. 그것은 결코 쉬운 영어가 아니다. 웬만한 동화책에 나오는 단어나 구절은 결코 쉽지 않다. 직접 보면 알 것이다. 그런 사람들은 만화책을 읽는 것은 어떨까. 나 역시 어떤 책에서 만화책을 보라는 말을 듣고 일본 만화인 『명탐정 코난』과 『데스 노트』 영어판을 구입해 보았다. 이미 보았던 내용이기에 내용을 파악하는 데 훨씬 쉬웠고 흥미롭게 영어를 공부할 수 있는 방법이었다.

이것은 원서 읽기 부분이고 듣기와 말하기 부분은 역시 애니메이션을 활용하는 것이 좋다고 생각한다. 아이들이 좋아하는 애니메이션은 〈쿵푸팬더〉, 〈드래곤 길들이기〉, 〈겨울 왕국〉, 〈니모를 찾아서〉 등이 있다. 〈쿵푸팬더〉는 특히 아이들이 좋아하고 영어도 쉬운 편이어서 내가 종종 아이들에게 틀어 주었던 영화이기도 하다.

아이들은 특히 만화를 좋아한다. 어른이 된 나는 지금 만화를 보면 유치해서 볼 수 없지만 아이들은 그렇게 만화를 좋아한다. 이런 만화를 활용한다면 보다 아이들을 교육하는 데 도움이 되지 않을까 싶다. 쉬운 애니메이션이나 만화를 이용하라. 그러면 아이들의 교육에 도움이 되고 직접 부모부터 이를 같이 접하려고 노력한다면 자신의 실력을 키울 뿐만 아니라 아이들의 마음을 이해할 수 있는 좋은 방법이 될 것이다.

# 영어 원서 읽기는 읽었던 책부터 읽는다

나는 영어 원서 읽기를 좋아했다. 영어 원서를 읽기 시작한 것은 고등학교 때부터였다. 나는 스티븐 코비의 『성공하는 사람들의 7가지 습관』이라는 영어 원서를 반복해서 읽었다. 사실 그것은 오버였다. 그냥 수능 준비만 열심히 하고 문제집만 풀었으면 되었다. 하지만 나는 뭔가 그것으로 마음에 차지 않았다. 미국의 문화를 알고 싶었고 보다 더 깊은 영어 공부를 하고 싶었다. 이 마음은 대학교 때까지도 이어져 나는 『긍정의 힘』, 『네 안의 잠든 거인을 깨워라』, 『해리포터』를 원서로 읽기에 도전했다. 물론 대부분 다 읽지 못했다. 하지만 최근 들어 영어 교사를 하면서 다시 그 책들을 꺼내들었다. 그리고 내가 최근 영어 원서로 읽는 책은 『시크릿』이다. 『시크릿』 한국판을 읽었을 때의 감동을 영어 원서로 다시 한번 느껴 보고 싶었다. 그리고 『시크릿』 원서 해석 작업은 나의 영어 실력에도 많은 도움이 되었다.

나는 한때 번역가를 생각해 번역 교육도 받았었다. 내 안에는 영어 책을 번역하고자 하는 마음이 남아 있었던 셈이다. 물론 실력이 부족해 그것을 포기하기는 했지만 영어 원서를 꾸준히 읽어 보려고 한다. 당신도 영어 실력을 키우고 싶다면 영어 원서 읽기에 도전하라. 색다른 책이 아니라 자신이 읽었던 책을 선택해야 읽기도 쉽고 포기하지 않고 읽어 나갈 수 있음을 기억하라.

# 외국인과 대화하는 시간을 늘려라

초등 영어 전담을 맡기 시작하면서 내 발등에는 불이 떨어졌다. 입시용 영어라면 나도 문장을 잘 해석하고 단어도 많이 알았기에 어렵지 않게 가르칠 수 있다. 하지만 초등 영어는 아무래도 직접 말하고 듣는 그런 영어였다. 그래서 나는 당장 외국인이 있는 영어 회화 학원에 다니면서 영어 공부를 시작했다.

처음으로 대화해서 의미가 통했을 때의 즐거움을 나는 아직도 잊지 못한다. 밤에 무엇을 먹고, 취미가 무엇인지 묻는 정도의 기초적인 영어에 불과했지만 말이다. 처음에는 그들의 말이 잘 들리지 않았으나 차츰 적응했고 잘 들리기 시작했다. 사실 학원 몇 개월 다녀서 영어 실력이 크게 늘어나는 경우는 드물다. 그럼에도 나는 열심히 다녔고 열심히 하다 보면 영어 실력이 한 단계 성장할 것을 믿었다.

그 후 학원을 두 군데 다니는 오버를 하기도 했고 여러 가지 영어 책을 구입해 읽기도 하였다. 내가 영어 교사였기에 영어를 잘할 수 있는 방법과 영어 교육에 관한 책을 읽었다. 20~30여 권의 책을 읽고 나서는 방향이 바로 서기 시작했고 알맞은 방법으로 영어 공부를 하고, 학교에 가서는 아이들을 가르쳤다.

최근에는 전화 영어를 시작했다. 이미 사람들 사이에서는 몇 년 전부터 전화 영어가 유행했다는 사실도 알게 되었다. 나만 모르고 있었던 것들을 사람들은 이미 하고 있었던 셈이다. 처음 전화 영어를 하고는 세상이 넓다는 것을 알게 되었다. 세계 속 다양한 국가 사람들과 대화하면서 내 의식이 확장된 느낌이었다. 필리핀, 인도, 인도네시아, 남아프리카공화국, 영국, 미국 등 다양한 사람들과 말하면서 영어 실력뿐만 아니라 아는 것도 늘어가기 시작했다.

나는 세계 여행을 많이 다니지 못했기에 세계에 대한 궁금증과 갈망이 많았는데 전화 영어를 하면서 그것이 충족되는 느낌이었다.

이처럼 이제는 집 안에서도 영어 공부를 할 수 있는 시대이다. 휴대폰, 노트북만 있으면 얼마든지 외국인과 소통하며 영어를 배울 수 있다. 영어 공부를 하는 사람에게는 지금처럼 천국과 같은 환경은 없다. 그러므로 영어 공부를 하고자 하는 사람이여, 지금 외국인과 대화를 시작하라.

# 직장인, 진짜 영어 공부가 시작된다

학생 때까지의 영어는 준비 과정이다. 영어 점수가 높은 사람도 있고 낮은 사람도 있겠지만 그것은 시험에 의한 평가에 불과하다. 하지만 직장이라는 현실 세계에서 영어는 현실이다. 현실에 적용될 수 있는 그런 영어를 바로 해야 하는 것이다. 영어 교사라면 직접 아이들에게 영어를 가르쳐야 하고, 회사원이라면 바이어를 상대해 계약을 맺어야 하는 일이 발생할지도 모른다. 그런 상황에서 어버버하고 있으면 그것은 현실 세계에서 직업을 잃는 것과 마찬가지의 위기이다. 그랬기에 영어 교사를 맡은 나는 잔뜩 긴장한 상태에서 이것저것을 방학 때부터 준비하기 시작했다.

다행스럽게도 아이들은 영어를 좋아했고, 조금은 낡은 형식의 수업일지도 모르는 내 수업에 잘 따라와 주었다. 사실 아이들 가르치는 데는 시끄럽지 않고 말만 잘 들으면 오케이이다. 하지만 나는 무언가를 주려고 노력했고 그 마음이 아이들에게 닿았기를 기대해 본다. 당신 역시 직장인이 되었다면 영어는 현실이 되었을 것이다. 그제야 준비하는 사람은 늦을지도 모르지만 그때라도 준비하는 게 낫다. 학생 때의 영어에서 벗어나 현실적인 영어 실력을 갖추라. 그것이 현실 세계에서 살아남는 비법이다.

꼭 영어만이 아니다. 직장인이 된다면 진짜 공부를 시작해야 한다. 그 진짜 공부는 책만 봐서 되는 것은 아니다. 전문가로부터 직접 배워야 하며 독서도 열심히 해야 한다. 이 사실을 안다면 가만히 시간만 보내는 일은 없을 것이다. 분주히 움직이라는 유수연 씨의 말처럼 부지런히 움직이며 자신을 갈고닦아 최고의 자신으로 만들어라.

## 08
# 영어는 가르치면 확실히 는다

내가 운이 좋았던 것은 내가 영어를 가르칠 수 있는 기회를 얻었다는 점이다. 이는 내 영어 실력을 발전시킬 수 있는 가장 좋은 기회를 잡았음을 의미한다. 읽거나 본 것은 잊기가 쉽지만 직접 해 보는 것은 가장 기억에 잘 남는다는 연구 결과가 있다. 직접 가르친 것은 가장 기억에 많이 남고 배우는 데에도 효과적이다. 자신이 알고 있는지 모르는 것인지는 가르칠 수 있느냐 없느냐에 달려 있는 셈이다. 나는 3~4학년 영어를 맡았는데 사실 내용은 쉬운 것이었다. 하지만 이제 처음 영어를 접하는 아이들은 영어에 어떤 식으로 접근해야 할지에 대해 고민이 많았다.

그리고 아이들을 가르치면서 나 역시 영어를 처음으로 배우는 입장으로 돌아가 기초가 튼튼해지고 발전되는 느낌을 받았다.

사실 나는 한 5~6학년 정도 되는 아이들의 영어를 가르쳐 보고 싶은 마음도 있는데 그런 기회가 머지않아 올 것 같다. 나는 영어 교사가 되기 전까지 내가 이렇게 영어를 잘하고 싶어 하는지 몰랐다. 나의 갈망이 그렇게 큰 것인지 몰랐다. 하지만 영어 교사가 되고 보니 정말로 영어를 잘하고 싶었다. 외국에 나가서 배우고 싶을 정도로 말이다.

당신 역시 영어를 잘하고 싶을 것이다. 그렇다면 가장 효과적인 방법은 아이들을 가르치는 것이다. 중고등학생이 어렵다면 초등학생을 가르쳐도 된다. 초등 영어는 크게 어렵지 않다. 다만 아이들이 즐겁게 받아들일 수 있도록 가르쳐야 한다. 초등에서 영어는 학습일 뿐만 아니라 하나의 놀이이기 때문이다.

# 독서는 아는 것을 확장시킨다

독서는 지식을 확장시킨다. 나는 사람이 얼마만큼의 지식을 두뇌에 보유할 수 있는지 궁금하다. 나 역시 1만 권에 가까운 책을 읽어 왔다. 그리고 나는 내 안에 수많은 지식이 있음을 알고 있다. 나는 지금은 지식을 원하지는 않다. 지식을 갈망하지는 않다. 다만 재미있는 이야기가 읽고 싶다. 내 두뇌는 쾌락을 원하는 셈이다. 어느 이야기든지 그 안에는 지식이 포함되어 있다. 그러므로 쾌락적인 이야기를 읽으면서도 내 안에는 계속해서 지식이 쌓이고 있는 셈이다.

독서를 하면 좋은 점은 유식해진다는 것이다. 유식하다고 뽐내고 다른 사람을 무식하다고 비평해서는 안 되겠지만 독서를 하다 보면 유식해지는 것은 사실이다. 유식해지면 논리가 생기고 어떤 일에 대한 평가나 비평을 할 수 있는 실력도 갖추게 된다. 유시민 씨나 진중권 씨가 대표적인 사람이라고 나는 생각한다.

독서는 아는 것을 확장시키기에 독서를 많이 하다 보면 퀴즈 대회 같은 데 나가서 우승을 할 수도 있다. 나 역시 어릴 때는 퀴즈 대회에 나가 우승하는 사람이 부러웠지만 지금에 와서는 크게 부럽지 않다.

당신 역시 독서를 하다 보면 아는 것을 확장할 수 있을 것이다. 그러면 당신은 똑똑하다는 평가를 받을 수도 있다. 아는 것이 많아지기 때문이다. 누구에게 무식하다고 지적받거나 업신여김을 받았다면 지금부터 책을 읽어라. 책은 아는 것을 확장시키고 유식하게 해 주기 때문이다.

# 10
# 실용 지식은 현장에서 배울 수 있다

내게 가장 힘들 것 같았던 수능의 장벽을 넘고, 임용고시라는 산맥을 넘어서 직장에 처음 들어갔을 때 나는 당당하고 자신만만했다. 하지만 그 자신감은 한 달이 되지 않아서 무너졌다. 아이들이 말을 하나도 듣지 않았던 것이다. 나는 어떻게 해야 할지 알 수 없었고 그때처럼 인생에서 괴로웠던 적은 없다.

나는 이제까지 책과 문제집 속에서만 살아 왔던 셈이다. 현실에 대한 지식과 지혜는 전혀 없었다. 그것은 결코 책이나 문자로 배울 수 있는 게 아니었다. 그 어떤 책에도 내 현실에 맞는 교사 초기의 어려움과 해결책에 대해 말하는 책은 없었다.

나는 아이들을 먹이고 놀리는 등 어찌어찌하여 그 문제를 해결하고도 직장에서의 일은 사람들을 통해 배워 나갔다. 나는 몇 달의 어려움 끝에 진짜 실력은 사람에게서 배운다는 사실을 알았다. 모든 것이 인간관계였던 것이다. 교사로서의 실력이나 능력도 다른 사람에게서 배워야 한다는 점을 알았던 것이다.

그렇게 나는 한 명의 교사로서 사회에 적응해 갔다.

당신이 어떤 직장에 들어갔는지는 내가 알 수 없다. 최근에 나는 간호사가 쓴 책들을 많이 읽었는데 간호사로서의 생활이 얼마나 힘든지에 대해 책으로나마 공감할 수 있었다. 어느 직업이든지 마찬가지겠지만 초기에는 정말 힘들고 어려운 점이 많다. 얼마 전에 읽은 『서른의 꿈은 달라야 한다』라는 책에 나오는 저자 역시 한의사와 애널리스트로 활동하는 초기에 얼마나 힘들었는지에 대한 이야기를 하고 있었기에 기억에 남는다.

당신의 어려움은 당신 혼자만의 것은 아니다. 조언을 하자면 직장 생활에서 좋은 멘토를 만나야 한다는 점이다. 현장에서의 지식과 실력은 사람으로부터 배울 수 있다. 좋은 선배를 만나 자신의 부족함을 채워야 한다. 그리고 실력을 갖춘 선배가 되어 후배에게 훌륭한 멘토가 되어 주어라.

## 11
# 공부의 목적은 행동에 있다

우리가 공부하는 것은 다만 시험에서 좋은 결과를 얻거나 취직하기 위함이 아니다. 나는 지금 위기지학에 대해 말하고 있는 것이다. 우리가 공부를 하는 목적은 보다 바람직한 행동을 하기 위함이다. 움직이지 않는 지식은 지식이 아니다. 우리는 실천하는 사람이 되어야 한다. 이를 고 김대중 대통령은 '행동하는 양심'이라고 부른 바 있다.

우리는 선과 도덕에 대해 잘 알고 있다. 도덕 교과서의 내용에 대해 잘 알고 있다. 하지만 그것을 실천하는 사람은 드물다. 그렇기에 세상에는 현자나 위인이라고 불리는 사람이 적은 것이다.

우리가 배울 것은 이미 유치원에서 다 배웠다는 말이 있다. 이는 무엇을 의미하는가. 기본 생활 습관이나 태도는 이미 유아기에서 저학년에 다 배운 것이다. 이것이 나이가 들면서 자기 마음대로 방만한 마음이 생겨 엉망으로 생활하면서 사회가 혼란해지고 질서가 무너지는 것이다.

나 역시 책을 읽으면서 느낀 점이 있다. 그것은 어려운 사람을 도와야 한다는 점이다. 책을 읽기 전까지 나는 사회의 약자나 어려운 세계의 국가의 아이들에 대해 무심했고 오직 내 생각만 했고 성공만을 생각했다. 하지만 여러 책을 읽으면서 이를 도와야겠다는 생각을 하게 되었고 기부를 시작하게 되었다. 기부는 그렇게 자랑할 만한 거창한 것은 아니다. 하지만 하는 것과 하지 않는 것은 하늘과 땅 차이라고 생각된다. 적은 금액이라도 타인을 돕다 보면 '내 삶도 가치가 있구나' 하는 안심이 되기도 한다. 기부만큼 좋은 것이 봉사활동이지만 나는 봉사활동을 할 만큼의 인격은 되지 않은 것 같다. 억지로 하는 것보다 안 하는 게 나을 것 같아

기부만 꾸준히 하고 있는 중이다.

당신 역시 책을 읽었으면 무언가를 느꼈을 것이고, 무언가를 생각했을 것이고, 무언가를 알았을 것이다. 그러면 단지 아는 것으로 멈추지 말고 무언가를 실천해 보라. 분명 얻어가는 것이 있을 것이다.

# 12

# 수천 권 책을 읽고도 현실에서 참패하다

나는 20살 때부터 수천 권의 책을 읽었지만 현실에서는 참패했다. 직장 생활에서 죽을 쑨 것이다. 초등학교에서는 직원들끼리 단합을 위해서 배구를 일주일에 하는 편이다. 나는 그때 배구 코트 치는 일도 안 돕고 배구에 참여도 안 한다며 비난을 들어야 했다. 내가 지금까지 읽은 책이 몇 권인데 이제는 배구에 끌려 다니면서 참여해야 하다니 비참한 심정이었다.

물론 지금은 나 스스로 네트를 치거나 걷는 일을 하며 배구에 즐겁게 적극적으로 참여하고 있다. 하지만 그때는 배구가 강압적인 것 같아서 그게 그렇게 싫었다.

신기한 것은 내가 불평 불만할 때는 나는 초라하고 비참한 패배자로 있었지만 내가 내 인생을 즐기자 내 인생에 승전보가 울리기 시작한 것이다. 인생이 술술 풀리고 즐거운 일들이 찾아오기 시작했다. 변화는 내 내면으로부터 시작하는 것이었다. 보통 환경을 바꾸려고 한다. 하지만 환경은 변하지 않는다. 고통스럽지만 변해야 할 것은 환경이 아니라 나 자신인 것이다. 지금도 불평 불만하는 사람이 있을지 모르지만 다시 한 번 말한다. 중요하기 때문이다. 환경은 바뀌지 않는다. 변해야 할 것은 나 자신이다. 내 자신이 바뀌면 놀랍게도 환경이 바뀌기 시작한다. 오직 바꿔야 할 것은 나 자신인 것이다.

내가 현실에서 참패했던 것도 나 자신을 바꾸지 않고 책만 보았기 때문이다. 책만 보아서는 작가가 되지 않는 한 딱히 될 것은 없다. 무언가를 잘하거나 뛰어나게 되지도 않는다. 마냥 책만 보아서는 말이다. 나는 이 현실을 직시하고 직장에서 노력했고 작가로서의 데뷔도 성공했다. 이제는 작가로 인정받는 훌륭한 교사가 된 것이다. 물론 아직 나는 부족한 점이 많다. 하지만 노력을 통해 이를 보충해 나갈 생각이다. 당신 역시 인생을 바꾸고 싶다면 자기 자신을 바꾸어라.

# 13

# 공부는 나다움을 찾기 위한 과정이다

"진정한 너 자신이야말로 너의 스승이다". 리처드 바크의 『갈매기의 꿈』에 나오는 내용이다. 우리가 공부를 하는 이유는 진정한 나 자신이 되기 위함이다. 우리는 학교에서는 '몇 반', '몇 번'이라는 숫자로 불린다. 직장에 나가서는 명함으로 자신의 이름을 대체한다. 가정에서는 '누구 아빠', '누구 엄마'로 불린다. 진정한 나 자신은 어디에도 없다. 그래서 공부가 필요한 것이다. 진정한 공부의 경지는 예술의 경지라고 생각한다. 예술이야말로 진정한 나 자신을 세상에 드러내는 일이다. 나는 누구나 예술인이 되어야 된다고 생각한다. 진정 자신을 발견하고 그 기쁨을 밖으로 표현하는 행위는 정말로 기쁘고 행복하고 즐거운 일이다. 그래서 예술인이 여러 직업 종사자 중에 가장 행복하다는 연구 발표가 나오기도 했다.

하지만 우리들이 학교에서나 직장에서 배우는 공부는 우리의 행복과는 거리가 먼 것이다. 그래서 바른 공부법이 필요하다.

니체는 나이가 들수록 우리 마음속에 어린아이를 임신하라고 하였다. 나이가 들면서 사람들은 동심을 잃어버리고 틀에 박힌 사고에 빠진다. 어린아이와 같다는 것은 무엇인가 동심에 빠진 예술가의 모습이지 않는가. 우리가 어릴 때 그린 그림을 보면 하나같이 예술가이다. 하지만 조금만 나이를 먹으면 틀에 박힌 그림을 그리고 만다. 그래서 진정 예술인이 되려면 어린아이와 같은 마음을 가져야 한다는 말이 있다.

공부도 마찬가지이다. 동심의 어린아이처럼 모험하고 호기심을 품고 꿈을 꾸어야 하는 것이다. 호기심을 품고 탐구에 대한 열정을 가지고 공부에 다시 임하기를 바란다. 그것이 세상에서 자기 목소리를 내는 방법이며, 진정으로 공부로 성공하는 방법이다.

# 14

# 공부는 질문이다

공부는 질문이다. 질문을 잘하는 사람일수록 공부도 잘한다. 모범생은 질문을 한다. 그래서 선생님과 친해지고 여러 지식도 얻게 된다. 문제도 잘 풀게 되고 공부도 더 잘하게 된다. 나 역시 질문의 힘을 고등학교 때 느꼈다. 나와 비슷한 성적이었던 아이가 있었는데 그 아이는 늘 선생님께 질문을 했다. 그에 비해 나는 쑥스러워 묻지를 못했다. 결국 그 아이는 의대에 진학했고 나는 한참 떨어진 성적으로 교대에 가게 되었다. 공부 결과의 차이는 결국 질문에 있었다는 것이다. 옛 선비들도 질문의 중요성에 대해 잘 알고 있었다. 커다란 질문을 한 사람만이 커다란 발전이 있다고 옛 선비들은 말했다.

한국은 예부터 토론과 질문 문화가 있었다. 그러던 것이 어느새 사라져 우리 교육에서는 질문이 사라졌다. 공부의 기본이 질문인데도 말이다. 이런 한국 문화를 알려 주는 것이 오바마가 방문했을 때의 상황이다. 오바마가 발표를 마치고 질문할 기회를 주자 한국의 기자는 아무도 질문하지 않았다. 눈치만 볼 뿐이었다. 결국 중국의 기자가 질문해 상황이 이어졌다.

아이들의 입을 닫아서는 안 된다. 이는 주입식 교육이다. 주입식 교육의 폐해는 널리 알려졌지만 여전히 학교는 주입식의 방식을 버리지 못하고 있다. 왜냐하면 그것이 편하고 효율적이기 때문이다. 내가 교사라서 잘 안다. 우리는 이를 바꿔 나가야 하겠지만 급진적으로 바꾸지는 못할 것이다. 학생들에게 조금이라도 질문할 기회를 주고 자신의 의견을 말할 기회를 주는 형식으로 수업을 이끌어 나간다면 진정한 공부의 맛을 아이들에게 전해 주는 일이라고 생각한다.

## 15
# 매일 꾸준히 하라

공부는 매일 꾸준히 하는 게 좋다. 하루에 5시간 하고 일주일을 쉬는 것보다 하루 1시간씩 일주일 하는 게 낫다는 이야기이다. 나 역시 토요일에 3시간 동안 영어 공부하는 것보다 평일 이틀 동안 1시간 30분씩 영어 공부를 하는 게 더 효과가 있었다.

공부는 습관이다. 하루에 몇 시간씩 하는 것은 습관 들이기가 쉽지 않다. 하지만 부담 없이 하루 30분~1시간씩 공부를 하다 보면 어느새 공부가 습관이 되었음을 알 수 있다.

좋은 습관이 성공을 만든다고 한다 공부하는 습관은 당신의 우군이 되어 당신을 평생 지켜 줄 것이다.

> "하루 5시간씩 1주일 공부하는 것보다 날마다 30분씩 5년간 공부하는 사람이 몇십 배 더 큰 효과를 거둔다. 공부는 습관이 되면 크게 힘들이지 않고 할 수 있다. 하루에 몇 시간 씩 마지못해 꾸역꾸역 하다 보면 공부가 싫어질 수밖에 없다."

> \- 후루이치 유키오, 『1일 30분 공부법』

후루이치 유키오는 『1일 30분 공부법』에서 하루 30분씩 공부하라고 말한다. 빨리 성공하려는 욕심을 버리고 매일 꾸준히 하다 보면 공부에서 성과를 거두어 정상에 설 수 있다는 것이다. 우리도 조급히 성과를 거두려는 욕심을 버리고 꾸준히 해 나갈 때 다른 사람을 앞서나갈 수 있는 길이 열릴 것이다. 이는 꼭 공부 영역에 해당하는 것은 아니다. 야구 같은 스포츠 활동 역시 매일 꾸준히 연습 해 나가는 게 실력을 높여 준다.

그리고 최근에 많이 하는 블로그 활동을 살펴보자. 매일 블로그에 올리는 편이 일주일에 한 편을 길게 올리는 것보다 효과적이다. 『고도원의 아침편지』는 많은 사람이 구독하는 인기 콘텐츠인데 매일 편지가 온다는 그 성실성이 아마 가장 큰 성공의 요인이 아니었나 싶다.

당신의 공부 역시 마찬가지이다. 늦게 꽃피워도 좋으니 매일 꾸준히 해 보라. 자신의 실력이 달라질 것이다.

# 16
# 공부는 학교를 졸업하면 끝이다?


공부는 학교를 졸업하면 끝이라고 생각하는 사람도 있다. 사실 내가 그랬다. 나는 고등학교만 졸업하면 공부는 끝인 줄 알았다. 하지만 웬걸 대학 와서도 고등학교 때 못지않게 열심히 공부를 해야만 했다. 직장에 들어가기 전에는 취직만 하면 공부는 끝인 줄 알았다. 그런데 웬걸 취직하고 나서도 공부는 끝이 안 나고 진짜 공부는 이제 시작이라는 말을 들었다.

사실 나는 많이 지쳐 있었고 조금은 쉬고 싶었다. 하지만 사회는 절대로 나를 봐주지 않았다. 공부를 하지 않으면 냉정하게 나를 버렸다. 재수, 삼수를 하며 나는 그 벌을 받아야 했다. 공부는 사실 지긋지긋했다. 하지만 나를 살린 것은 역시 공부였다. 평생 공부하는 사회에서 공부를 하는 것만이 사는 길이란 것을 빨리 깨달아야 한다. 특히 우리나라와 같은 경우는 공부를 통해 경쟁에서 이기지 않으면 마땅한 길이 없는 형편이다.

공부는 학교를 졸업하면 끝이 아니다. 진짜 공부는 직장을 들어가는 순간부터이다. 또 모른다. 직장을 그만두면 더 진짜 공부는 그때부터일지. 그때는 아마 마음 공부가 필요할 것이다.

# 반복해야 뇌가 기억한다

"독일의 실험 심리학자 헤르만 에빙하우스는 인간의 기억에 관한 실험을 했다. 그에 따르면 인간은 정보를 기억해도 20분 후에는 약 42퍼센트, 1시간 후에는 약 56퍼센트, 9시간 후에 약 64퍼센트, 6일 후에는 약 76퍼센트를 잊어버린다고 한다."

어느 항목을 공부한다 → 공부하고 1주일 후에 복습한다 → 최초 복습에서 2주 후에 두 번째 복습을 한다 → 두 번째 복습 후 1개월 내에 3회째 복습을 한다

- 후루이치 유키오, 『1일 30분 공부법』

반복은 공부의 어머니이다. 모든 공부는 반복을 통해 완벽해진다. 반복을 하는 이유는 외우기 위함이다. 같은 내용을 반복하다 보면 뇌의 해마에서 측두엽에 공부 내용을 장기 보존한다.

그래서 우리는 어릴 때부터 같은 내용을 말하거나 쓰면서 학습을 해왔던 것이다. 나 역시 공부를 하면서 반복을 통해 내용을 외웠다. 반복을 많이 했던 때는 임용 고시 준비를 위해 공부를 하던 때였다. 나는 같은 교재를 반복해서 봄으로써 내용을 암기했다. 처음에는 잘 생각이 나지 않았으나 수 번을 반복하자 내용이 머릿속에 짜임 있게 잘 저장되는 느낌을 받았다. 그리고 틈틈이 그것을 반복했기에 시험 때 생각나지 않는 일 없이 잘 시험을 볼 수 있었다. 그리고 난 그해에 합격하는 영광을 누렸다.

어떤 시험에 합격하고자 하는가. 그렇다면 반복 학습법을 기억하라. 반복해서 공부하면 기억에 남고 시험장에서 그것을 써먹을 수 있다.

# 공부는 혼자 하는 것이다

공부는 혼자 하는 것이다. 하지만 홀로 공부하다 보면 외로움이 찾아 온다. 그래서 친구들과 놀면서 시간을 보내 공부를 망치는 경우도 많다. 나는 재수를 했는데 재수 학원 선생님께서 가장 처음 하신 말씀은 친구 를 만들지 말라는 것이었다. 친구가 너무나도 소중하게 여겨지는 고등학 생에게 친구를 만들지 말라는 말은 참 실천하기 힘든 것이었다. 친구가 없으면 밥도 혼자 먹고, 공부도 혼자 하고, 잠시 쉬는 것도 혼자 해야 하 기 때문이다. 사실 난 고3과 재수 시절 친구가 없이 지냈다. 하지만 보란 듯이 성공해서 나의 공부 실력을 보여 주고 싶었다. 하지만 예상과는 달 리 시험은 망했고 차선책으로 나는 교사가 되는 것을 선택하게 되었다.

> "냉정하게 들리겠지만, 외로움이라는 감정을 도저히 견딜 수 없다면 공부를
> 그만두고 친구와 어울리면 문제는 해결된다. 학교를 졸업한 당신에게 그 누구도
> 공부하라고 애원하지 않는다. 어디까지나 자신이 원해서 공부하고 있는 것이다."
>
> - 후루이치 유키오, 『1일 30분 공부법』

공부하면서 고독함은 피할 수 없다. 하지만 고독한 마음을 목표 설정 이라는 것으로 이겨내는 사람은 공부 영역에서 큰 성과를 발휘하게 될 것이다. 가장 좋은 것은 미래가 밝을 것이라고 믿는 긍정적인 자세이다. 지금은 힘들지만 밝은 미래가 올 것이라는 긍정을 가지고 공부하다 보면 결과도 좋을 것이고 지속되는 공부를 할 수 있을 것이다.

# *19*
# 목차 학습법

목차 학습법이란 목차를 빈 종이에 적어 보는 것을 말한다. 이른바 목차 외우기이다. 공부를 하면 사실 내용을 이해하고 외우고 공부하는 데 관심이 많고 목차에는 관심이 없는 경우가 많다. 하지만 목차를 외우면 많은 내용을 짜임새 있게 정리할 수 있기 때문에 암기와 기억의 회상에 더 유리하다고 한다. 사실 이 목차 학습법은 고시 삼관왕인 고승덕 씨와 공부 고수인 강성태 씨가 말한 바 있다. 일단 목차를 적고 그 안에 들어갈 내용을 차근차근 적어 보는 것이다. 목차만 갖고 있으면 전 교과서의 내용이 다 담겨 있기 때문에 시험 볼 때 걱정이 없다는 것이다.

물건을 그릇에 짜임새 있게 넣으면 다 넣을 수 있지만 엉망으로 넣으면 넣을 공간이 부족하듯이 공부 역시 마찬가지이다. 외울 내용을 무작위로 집어넣으면 한계가 있다. 하지만 짜임새 있게 기억한다면 그 기억은 오래가고 회상하기에도 쉽다.

시험을 앞두고 있는 사람이여, 목차 학습법을 기억하라. 목차 학습법은 많은 양의 학습을 할 때에 더 효과를 발휘한다. 목차 학습법으로 시험에 합격하고 자신을 계발하라.

# 직장인 1년 차, 독서보다 자기 일에 빠져라

직장에 처음 들어간 1년 차라면 독서보다는 자기 일에 빠져야 한다. 전문 작가가 될 것이 아니라면 책은 잠시 미뤄두는 것이 좋다. 직장 초기에 배운 것으로 평생을 우려먹는다는 말도 있다. 초기에 배운 내용은 소중하다. 직장 초기에는 많은 사람이 배려해 주고 친절하게 가르쳐 준다. 하지만 직장 5년차 10년 차가 넘어서면 사람들은 배려해 주지 않는다. 직장 초기에는 무조건 선배를 잘 따라다니면서 직접 배우는 수밖에 없다. 나는 사실 이것을 잘 못 했다. 직장 초반에 묻는 것을 잘 못 해 나 혼자 전전긍긍한 경우도 많았다. 나의 성격 때문이었다. 나의 성격이 이렇게 발목을 잡을지는 몰랐다. 『해리포터』를 쓴 조앤 롤링도 직장이 체질에 맞지 않았나 보다. 그는 비서로 일하다가 그만두게 되었고 교사 자리도 지키지 못해 생활 보호자로 살았다. 그녀가 잘했던 것은 오직 상상과 글쓰기였다. 그녀는 그 자신만의 무기를 갈고닦아 세상의 심장에 칼을 찔렀다. 결과는 알다시피이다. 그녀는 억만장자가 되었다.

직장인 1년 차, 독서보다 자기 일에 미쳐라. 자기 일을 어느 정도 할 수 있는 수준이 되면 이제 독서도 시작하라. 처음부터 서두를 필요는 없다.

# 공부는 왜 해야 하는가?

아직도 공부를 왜 해야 하는지 모르는 직장인을 위해 몇 가지를 이야기하려고 한다. 공부는 자신의 몸값을 올리기 위해 하는 것이다. 공부를 하지 않으면 직장에서 도태되어 몸값은 하락할 것이다. 하지만 직장에서 인정받아 다른 데로 스카우트된다면 몸값은 치솟게 될 것이다. 자신의 몸값을 결정하는 것은 바로 공부이다. 사회적으로 인정받는 자격증을 딴다거나, 승진에 필요한 자격을 갖추는 것은 직장인으로서 꼭 해야 할 일이다. 실제로 미국 회계사 자격증을 따서 훨씬 높은 금액을 벌면서도 좋은 조건으로 이직한 사람들도 많이 있다.

나의 경우 사실 공부를 해야 할 특별한 이유는 없었다. 연수를 얼마나 받느냐에 따라 성과급이 결정되는 점수를 딸 수 있다는 점이 유일한 이유였다. 하지만 나는 그 외에도 직접 업무와 관계되는 영어 공부를 함으로써 공부에 손을 놓지 않았다. 영어 교사를 하는 데도 특별히 자격증이나 공인 점수는 필요 없었다. 하지만 실력 부족으로 평가받기는 싫었다. 나는 적어도 학원보다는 더 잘 가르친다는 말을 듣고 싶었다. 내가 영어 공부를 지속한 것은 그 이유 때문이었다.

나는 일반 직장에는 다니지 않아 정확한 사정은 모른다. 다만 직장에서 살아남기 위해 또 승진하기 위해 더 좋은 조건을 위해 이직하기 위해 공부하는 사람이 많다는 것은 알고 있다.

그리고 보니 다들 공부를 해야 하는 이유는 알고 있다. 더 나은 나를 만들기 위함이다. 다만 실천이 안 될 뿐이다. 이제부터라도 핑계는 그만두고 공부에 집중하자. 더 나은 자신을 만들어 더 높은 연봉과 대접을 받자. 그 길은 오늘부터 하루 30분 공부하는 데 있다.

# 철학책은 닥치고 읽는다

요즘은 인문학 공부가 뜨겁다. 그렇다면 인문학 공부의 기본이라고 할 수 있는 철학책은 어떻게 읽어야 할까. 나는 여기에 특별한 방법은 없다고 생각한다. 철학책은 그냥 닥치고 읽는 것이다. 쉬운 철학책부터 시작하라. 플라톤의 『소크라테스의 변명』이나 공자의 『논어』로 시작하는 것이 좋다. 쉬우면서도 많은 깨달음과 변화를 줄 수 있는 책들이다.

여기에서 나아가면 다른 여러 책을 같이 보면서 시너지 효과를 느낄 수 있을 것이다.

나는 사실 철학 공부에 대한 갈망이 있었다. 인생을 어떻게 살아가야 할지에 대한 의문이 생겼고 그 의문을 풀어 보기 위해 시작한 것이 철학 공부였을 것이다. 현대 자본주의 사회는 돈이 신앙이 되어 온통 돈을 벌기 위해 몸부림 치는 것이 사람들의 삶이다. 하지만 철학은 돈 너머에도 추구할 수 있는 가치가 있다는 것을 가르쳐준다. 돈으로 해결되지 않는 삶의 갈망과 욕망들은 철학책을 통해서 해결해 나갈 수 있다.

누구나 자신의 존재 자체에 의문을 갖는다. 나는 어디에서 왔는가. 어디로 나아가고 있는가. 그리고 삶의 존재 이유는 무엇인가. 그리고 삶 너머 무엇이 있는가. 이런 것에 대한 것은 단순히 생존하는 사람에게서는 찾을 수 없다. 깊은 고민 속에서 자신의 존재 이유를 찾고 앞으로 나아가고 어떻게 죽어갈 것인가는 철학책을 읽음으로써 그 답을 찾아 갈 수 있다.

어제와는 다른 삶을 살고 싶다면 철학책을 읽어야 한다. 철학은 돈 너머의 지혜를 줄 것이다.

# 23
# 문학은 현대 소설부터 시작하라

문학은 현대 소설로 시작하는 것이 좋다. 가장 시대에 맞고 쉽게 읽힐 수 있기 때문이다. 사실 나는 문학을 고전을 보면서 시작했다. 초등학교 때 읽었던 책은 아직도 기억에 남는다. 『셰익스피어의 4대 비극』, 『죄와 벌』, 『대지』 등을 반복해서 읽었던 기억이 남는다. 학교 바자회 때 책을 구입할 때가 있었는데 나는 왠지 그런 책들이 끌려서 읽었다. 어려서 그런지 어려웠음에도 불구하고 정신없이 읽었다. 하지만 커서는 그런 고전들이 끌리지 않았다. '책을 읽을 때도 역시 때가 있구나' 하는 생각이 든다. 커서는 현대 소설들을 읽었다.

나는 교과서 너머에 재미있는 문학의 세계가 펼쳐져 있다는 것을 알았다. 그래서 대학생 때는 자유롭게 문학의 세계에 빠졌다. 문학의 즐거움은 그 스토리와 심리 묘사에 있다. 문학은 고급 오락이라는 말이 있는데 그 말과도 같이 나는 소설을 재미있어서 보았다. 하지만 그 시간은 그냥 낭비되는 시간은 아니었다. 나는 소설을 통해 통찰력을 얻었고 인생의 지혜를 배울 수 있었다.

한 기업가는 경제·경영서보다 소설 읽기를 권한다고 한다. 소설을 통해 인간 사회에 대한 이해를 높일 수 있다는 것이다. 당신 역시 회사에 있다면 소설 읽기를 통해 인간에 대한 이해를 높여 가라. 소설 속에는 수많은 인간 군상과 그들의 욕망이 펼쳐져 있다. 간접 경험을 통해 인간을 이해하고 현대의 삶에 적용하라. 자신의 입지를 다질 수 있을 것이다.

# 외로움을 이겨내라

공부를 하면 찾아오는 것이 외로움이다. 나 역시 임용을 준비할 때 외로움을 많이 느꼈다. 부모님 집이 목포였기에 목포로 내려가서 도서관을 다니면서 공부했다. 목포에는 아는 사람이 아무도 없었다. 그렇게 혼자 밥 먹고 혼자 공부하고 혼자 쉬었다. 힘든 날에는 혼자 TV 프로그램을 다운 받아서 보고, PC방에도 종종 다녔다. 너무도 말할 사람이 없어서 채팅을 하거나, 심심이를 하기도 했다. 하지만 그 이외의 시간은 모두 공부에 투입했고 나는 실력을 갖추어 시험에 합격할 수 있었다. 나 역시 혼자였기에 친구를 만들고 싶었고 연애를 하고 싶기도 했다. 하지만 난 내가 두 가지 토끼를 잡을 수 없음을 알고 있었다. 그렇기에 공부에만 몰두했고 시험에 합격하는 좋은 결과도 얻은 것이다. 외로움을 이겨내는 방법은 다양할 것이다. 나 역시 외로움을 이겨내기 위해 코인 노래방에 다니기도 했다. 노래를 부르면서 혼자인 외로움을 이겨내었다. 하지만 혼자서 해결되지 않을 수도 있다. 그럴 때는 동지를 만들어라. 나 역시 스터디를 알아보아 도서관에서 아는 사람을 만들었다. 그 사람과는 특별한 것을 하지는 않았지만 인사라도 할 수 있는 사람이 있다는 것이 아무도 모르는 공간에서 공부하는 것보다는 나았다.

공부를 하면 종종 외로움이 찾아온다. 이미 애인이 있는 사람이라면 애인에게 기대는 것도 좋다. 어떡해서든지 외로움의 감정이 오래가지 않도록 없애는 게 중요하다. 그리고 그 가장 좋은 방법은 아예 공부에만 집중하는 것이다. 공부에 집중하는 순간에는 여러 감정에서 벗어나 공부 내용에만 집중할 수 있기 때문이다.

# 공부는 더 나은 자신에 대한 갈망이다

우리가 공부를 하는 것은 외부적인 성취를 위해서이기도 하다. 하지만 또 다른 이유도 있다. 공부는 더 나은 자신에 대한 갈망이다. 더 나은 자신이 되고 싶다는 것, 더 나은 사람이 되고 싶다는 것, 좀 더 인정받고 싶다는 것에서 공부를 하게 된다. 공부는 또한 스스로의 자존감을 높인다. 노인들이 노인 대학에 다시 가는 이유가 무엇인가. 공부를 못했다는 아쉬움, 억울함 등을 해소하고 진정한 자기 자신을 찾기 위한 선택이 아닌가. 우리 역시 노인 대학에 가는 노인과 다를 바 없다. 고등학교를 졸업했다면 이젠 정규 교육 과정은 끝났다. 누구도 당신에게 더 공부하라고 말하지 않는다. 공부는 어디까지나 자신의 선택이다. 더 나은 사람이 되고자 하는 사람은 고등 교육에서 만족하지 않고, 대학, 대학원, 또는 개인적으로 스스로 하는 공부를 통해 자신을 발전시킨다.

나는 사실 학생 때부터 이런 자세를 가지고 공부해야 한다고 생각한다. 단순히 순위와 점수의 경쟁이 아닌 보다 나은 자신이 되고자 하는 마음으로 공부를 할 때 이 시대의 공부 문제가 해결되고 공부의 기쁨을 아는 사람들이 늘어나 행복한 사회가 될 것이다.

# 4장

# 자기계발에 미쳐라

# 01
# 자기계발에 미쳐야 하는 이유

앞서 공부에 미쳐야 하는 이유와 마찬가지로 직장인들은 자기계발에 미치지 않으면 생존 자체가 불투명해졌다. 사람들은 언제든지 다른 사람에 의해 대체될 수 있게 되어 버린 것이다. 살아남으려면 절대 대체될 수 없는 자신만의 장기를 가져야 한다. 솔직히 생각해 보자. 당장 회사에서 퇴출당하더라도 살아남을 수 있는 자신만의 무언가를 가지고 있는가? 그렇다고 생각되지 않는다면 자신만의 무언가를 가지기 위해 노력해야 한다. 직장에서 퇴출당하고 아무리 원망해 봐야 소용없다. 직장에 다닐 때부터 자신만의 무언가를 가지기 위해 노력해야 은퇴하고 나서도 제2의 인생을 살아갈 수 있다. 자기계발을 하지 않아 젊은 나이에 퇴출을 당하는 게 가장 심각한 상황이다. 실제로 이 같은 일은 종종 벌어진다. 자기계발에 게으른 사람들은 결국 겨우 정년을 채우고 퇴출되어 사회에서 잊힐 뿐이다.

나 역시 직장인으로서 확고한 위치를 다졌다고 보기에는 무리이다. 그래서 시작한 것이 독서이다. 독서를 통해서 나만의 무언가를 가지기 위해 노력했다. 그 결과물이 책이다. 아직 뚜렷한 성과를 내지 못하고 있지만 앞으로의 책이 나오면서 나는 청소년 공부법과 인문 고전, 비전에 관한 전문가가 되어 나만의 확고한 위치를 다질 생각이다. 당신 역시 당신만의 분야에서 비전을 가지고 몰입하라. 그러면 당신도 퇴출 후보에서 직장의 전문가로 거듭날 수 있을 것이다.

# 02

# 위인전을 통해 롤모델을 찾아라

학교에서 일하다 보면 오후 시간에 잠깐씩 빈 시간이 있었다. 그럴 때 나는 학교 도서관에 가서 위인전을 읽었다. who 시리즈 위인전은 어린이를 위해 기획되었지만 어른들이 봐도 무방할 정도의 질과 내용을 갖추고 있다. 위인전을 읽어나가면서 나는 내 지식을 한층 넓힐 수 있었을 뿐만 아니라, 어떻게든 어려움을 극복할 수 있다는 신념이 생기기 시작했다.

위인들은 모두 자신만의 역경을 극복하고 꿈을 이루어낸 사람들이다. 이들의 이야기를 읽다 보니 긍정적으로 삶의 자세가 바뀌었고, 성공한 작가의 꿈을 생생히 그릴 수 있었다. 나는 이른바 신념의 사나이가 된 것이다.

## 03
# 롤모델을 따라하라

나의 롤모델은 기욤 뮈소, 공병호, 이지성, 김태광 같은 작가이다. 최근 들어 새로운 롤모델이 생겼는데 바로 설리번이다. 헬렌 켈러를 기른 설리번 같은 훌륭한 교육자가 되고 싶다. 나의 꿈은 늘 작가였고 교사는 생각하지 않았다. 그런데 훌륭한 교사가 되고 싶다는 바람이 내 안에 생긴 것이다.

먼저 작가라는 꿈에 대해서 보려고 한다. 나는 작가가 되고 싶었기에 여러 작가의 글을 전작 독서를 통해 열심히 읽었다.

그들의 강연장에 가기도 했고 그들과 대화를 시도하기도 했다. 그 과정에서 나는 직접적으로든 간접적으로든 영향을 많이 받았고 그들과 같은 훌륭한 작가가 되고 싶었다.

나는 성공을 갈망했기에 성공을 말하는 작가들의 말이 가슴에 와닿았다. 아직 성공하지 못한 입장에서 가장 끌리는 것은 성공을 주장하는 작가들의 글이기 때문이다. 기욤 뮈소는 내가 좋아했던 작가들 중에 특이하게 프랑스 소설가였는데 내가 그를 좋아한 것은 그의 글에 깊은 감명을 받았기 때문이다. 작가를 하기 전에는 교사를 했다고 하는데 교사를 하다가 어떻게 이처럼 뛰어난 글을 썼는지 신기하기도 했다.

공병호 작가에게서는 독서에 대한 열정과 남과 다른 삶이라는 자극을 받았다. 대표적인 독서광인 그의 글은 매우 재미있었고 내 취향에도 맞았다. 이지성 작가에게서는 인문 고전 독서와 성공을 통한 선한 영향력을 행사하라는 것을 배웠다. 나 역시 성공하고 싶었기에 그의 책을 읽으면서 그의 성공 비결을 분석해 실천해 보고자 하였다. 최근에 빠지게 된 것은 김태광 작가의 글인데 그의 삶을 바라보면서 내가 원하는 삶이라는 것을 알게 되었다. 그래서 열심히 읽고 있는 중이다. 그렇다. 나는 발전하는 작가이다. 그래서 롤모델을 따라하고 있다. 앞으로도 나는 롤모델을 뛰어넘는 그런 사람이 되고 싶다.

설리번 선생님과 같은 경우는 내가 교사를 한 지 5년이 지나서야 내 마음속 한구석에서 생긴 꿈 중 하나이다. 헬렌 켈러와 같이 가르치기 힘든 학생을 교육해서 훌륭한 학생으로 키우고 싶다는 생각이 내 안에서 싹튼 것이다. 그것이 얼마나 힘든 것인지 알기에 나 역시 최선을 다해 내 제자를 가르치고 싶다. 그리고 그 마음이 그 학생에게 닿아 훌륭한 사람으로 성장하기를 바란다.

## 04
# 창조적인 자신만의 행위를 하라

성공하기 위해서는 남과 달라야 한다. 남과 다른 창조적인 일을 해야한다는 것이다. 내가 내 인생에서 오랜 시간 동안 성공하지 못했던 것은 남과 다르지 않았기 때문이라고 생각한다. 남과 다르다는 것은 일견 두려운 일이기도 하다. 하지만 안정적인 것만 노리고 있다면 결코 인생에서성공할 수 없다. 인생에서 성공하고자 한다면 남과 달라야 한다. 남과 다른 점을 만드는 활동이 바로 인생의 성공을 가져다주는 것이다. 앞서 나는 『악인의 매력을 훔쳐라』에 대해 이를 말한 바 있다. 이 책에 나오는 이야기는 세상의 악인들에게도 배울 점이 있다는 것이다. 악인은 배울 것이 없고 비판해야 한다는 사회의 전형적인 생각을 뒤집은 글이었던 것이다. 문장력이나 내용 부분에서는 부족한 점이 많다고 생각하지만 그 발상은 뛰어났다고 스스로 자평한다.

이 책을 통해 나는 사회에 얼굴을 내밀 수 있었고 많은 비판을 받은만큼 조금이나마 알려졌다.

피카소의 그림은 왜 뛰어날까? 피카소의 그림이 남과 다른 글이기 때문이다. 피카소는 12살 때 이미 사진처럼 정확한 그림을 그릴 수 있었다 하지만 그때는 성공하지 못했다. 피카소가 「아비뇽의 처녀」와 같은남과 다른 그림을 그리기 시작할 때부터 그는 성공자의 삶을 살아가기시작했다.

고흐의 일생 역시 마찬가지이다. 고흐는 그림을 그리기 전의 인생은 실패의 연속이었다. 하지만 화가로서는 크게 성공하였다. 남들이 가지 않는 예술가의 길을 걸어갔기 때문이다. 내가 이렇게 말하면 고흐는 실패하지 않았냐고 주장하는 사람이 있을지도 모른다. 하지만 나는 모든 예술가의 삶은 그 인기와 관계없이 모두 성공한 삶이라고 말하고 싶다. 그들은 남다른 삶을 살았기 때문이다. 그리고 예술가는 인기와 관계없이 행복하다. 남다른 삶을 산다는 자체가 행복을 가져다주기 때문이다. 그러므로 성공을 원하는 자들이여, 자신의 인생에서 창조하는 경험을 하라. 그러면 성공이 눈앞에 다가올 것이다.

## 05
# 남보다 더 시간을 투자하라

자기계발과 성공을 원한다면 남보다 더 시간을 투자해야 한다. 안철수의 경우 남보다 세 배의 시간을 투자할 각오를 한다고 한다. 천재라고 불릴 수 있는 그가 남보다 세 배의 시간을 투자할 생각을 가진다는 것이다. 그렇다면 일반인인 우리는 어떻게 해야 하는가. 남보다 5배 정도의 시간을 투자해야 하지 않을까.

사람들은 흔히 조금 해 보다 안 되면 적성이나 재능이 없는가 보다 하고 포기하고 만다. 그리고 다른 분야를 찾아서 간다. 하지만 소수의 사람들은 끝까지 참고 인내해 그 길을 걸어간다.

나 역시 교사에 전혀 재능이 없었던 사람이다. 나는 말하기를 못했다. 고등학교 때는 발표를 하는데 어눌하다는 평가를 받았다. 작가로서는 더더욱 재능이 없었다. 나는 글쓰기를 정말 못했다. 재수 때 학원에서 논술 시험을 보았는데 C 정도의 성적을 받았다.

하지만 나는 지금 교사이자 작가로 활약하고 있다. 나는 교사가 되기 위해 7년의 시간을 참았고 작가가 되기 위해 9년의 시간을 참았다. 당신도 어떤 일에 10년 가까이 참아 본 적이 있는가.

남들보다 더 시간을 투자하였기에 지금의 내가 있다. 나는 긍정적이기에 지금의 나를 훨씬 더 긍정적으로 생각한다. 남들이 보면 평범한 직장인일지도 모르나 나 자신은 나를 훌륭한 사람으로 여긴다. 나의 긍정적인 마인드는 결국 타인의 시선도 바꿀 것이라고 믿는다. 나는 남보다 더 많은 시간을 투자할 것이고 보다 훌륭한 사람이 될 것이다. 당신 역시 삶을 바꾸고 진정한 자기계발을 원한다면 남들보다 더 많은 시간을 투자하라.

## 06

# 남다른 길을 가라

성공하려면 남다른 길을 가야 한다. 남들이 가는 길을 가면 성공할 수 없다. 다음은 프로스트의 「가지 않은 길」이라는 시이다. 선택의 문제에 대해 가장 잘 알려 주는 시인 것 같아 같이 읽고자 한다.

노란 숲 속에 두 갈래 길이 있었습니다
나는 두 길을 다 가지 못하는 것을
안타깝게 생각하면서
오랫동안 서서 한 길이 굽어 꺾여 내려간 데까지,
바라다볼 수 있는 데까지 멀리 바라다보았습니다

그리고 똑같이 아름다운 다른 길을 택했습니다
그 길에 풀이 더 있고 사람이 걸은 자취가 적어
아마 더 걸어야 될 길이라고 나는 생각했던 겁니다
그 길을 걸으므로 그 길도 거의 같아질 것이지만,

그날 아침 두 길에는
낙엽을 밟은 자취는 없었습니다
아, 나는 다음날을 위하여
한 길은 남겨 두었습니다
길은 길에 연하여 끝없으므로
내가 다시 돌아올 것을 의심하면서…

먼먼 훗날에 나는 어디선가

한숨을 쉬며 이야기할 것입니다

숲 속에 두 갈래 길이 있었다고

나는 사람이 적게 간 길을 택하였다고,

그리고 그것 때문에 모든 것이 달라졌다고

　나는 교대를 다녔고 교대에 나오면 99퍼센트는 교사가 된다. 교사의 길밖에 없기 때문이다. 하지만 그럼에도 불구하고 다른 길을 선택하는 사람도 있다. 나는 교대에 왔지만 회계사가 된 친구, 아나운서가 된 친구를 알고 있다. 그리고 나는 엉뚱하게도 작가가 되었다. 모두 같은 길을 갈수 없기에 아쉽지만 남다른 길을 가지 않으면 남다른 자신도 없는 셈이다. 그러므로 진정한 자기계발과 성공을 원한다면 남다른 길을 걸어가기를 바란다.

# 07

# 꿈은 인생의 나침반이다

인생에서 중요한 것은 속도가 아니라 방향이라는 말이 있다. 얼마나 빨리 가느냐가 문제가 아니라 어디를 향해 나아가느냐가 중요하다는 말일 것이다.

꿈이란 인생에서 결코 포기할 수 없는 그런 것이다. 직장 생활은 자꾸만 나를 괴롭혔지만 그와 같은 힘든 상황 중에서도 나는 베스트셀러 작가라는 꿈을 결코 놓을 수 없었다.

이른바 교사라는 직업은 내 인생의 현실이었고 작가라는 직업은 내 꿈이었던 셈이다. 나는 그동안 많은 책을 출간했다. 출간할 때는 기뻤지만 그 결과물에 대해서는 매일 아쉬움을 삼켜야 했다. 정말 잘 나갈 것 같은 책들도 판매가 부진했던 적도 있다. 지금 나는 책의 판매와 상관없이 즐겁게 지내고 있다. 먼저 내 인생이 즐거워야겠다는 생각 때문이다. 내가 인생을 즐겁고 행복하게 지내다 보면 자연스럽게 베스트셀러도 나올 것이라는 생각이 들었다. 앞서 말했듯이 중요한 것은 내 자신을 바꾸는 일이다.

나는 성공한 교사와 성공한 작가라는 두 개의 꿈을 가지고 살아가고 있다. 당신에게는 어떠한 꿈이 있는가. 꿈이 없다면 새로 하나 만들어라. 그곳이 당신이 가야 할 방향이다. 어렵다면 5년, 10년 후에 어떤 일을 하고 싶은지에 대해서 생각해보라.

나는 하우석의 『5년 후』라는 책을 읽고 감명받아 친구에게 추천해 준 적이 있다. 그 책을 읽고 나서 5년 후를 계획하고 꿈을 꾸고 실천에 옮겼기 때문이다 당신 역시 5년 후의 미래를 꿈꾸며 꿈에 한걸음 다가가라. 당신 역시 자기계발을 통해 변할 수 있다.

## 08
# 꿈은 글로 적어라

꿈을 글로 적으면 이루어질 확률이 더 높다. 나 역시 5년 후라는 정해진 시간의 꿈을 적었고 거기 적힌 수많은 일들이 이루어졌다. 한 연구 결과에 의하면 30년 후의 꿈을 명확히 적은 사람에 해당하는 3%가 나머지 꿈이 없는 사람 97%의 재산보다 더 많았다고 한다.

왜 꿈을 적으면 이루어질까. 그 이유에 대해서는 여러 가지로 볼 수 있지만 자신의 내면의식과 무의식에 새길 수 있기 때문이 아닐까 싶다. 그냥 생각만 하는 것과 글로 적어 본다는 것은 하늘과 땅 사이의 차이가 있다. 그렇기에 직접 적어 보면 그것이 이루어질 확률이 높은 것이다.

존 고다드는 오늘날 개인의 목표와 목적을 가장 극적으로 성취한 기록을 가진 사람이다. 그에 관한 이야기는 1972년 라이프 잡지에 게재되었다. 열다섯 살 때 그는 자신의 할머니와 숙모가 얘기한 것을 엿들었다. "이것을 내가 젊었을 때 했더라면…"이라는 말이었다.

이 말을 들은 그는 자신의 삶에서 행해지기를 원하는 127가지의 목표를 썼다. 그는 탐사할 10개의 강과 등산할 17개의 산의 목록을 작성했다. 그는 의사의 직업을 가지고 세계의 모든 나라를 방문하기를 원했고, 비행기 조종법을 배우고, 마르코 폴로의 여행 경로를 추적하고, 파사디나의 장미 퍼레이드에서 말을 몰기를 원했다. 다른 목표들은『성경』을 통독하고, 셰익스피어, 플라톤, 아리스토텔레스, 디킨즈, 그리고 그 외의 수십 명의 다른 고전 작가들의 작품을 읽는 것이다.

그는 독수리 정찰대가 되고, 바닷속에서 잠수하며, 플루트와 바이올린을 연주하고, 교회의 선교 사업을 하길 원했다. 또한 결혼을 해서 자녀를 갖기 원했고, 브리태니커백과사전을 다 읽기를 원했다. 1972년 존 고다드는 나이 47세에 127개의 목표를 달성했다. 그는 1980년 125번째 목표인 우주 비행사가 되었다. 그 결과로 그는 고액의 수입을 얻는 연사가 되었고 자신의 모험담을 말하면서 세계 여행을 할 수 있게 되었다.

이소룡은 자신에게 보낸 편지에서 다음과 같이 말했다.

> "당신은 늦어도 1980년대에는 미국에서 가장 유명한 아시아 스타가 될 것이며 1,000만 달러를 거머쥐게 될 것이다. 그리고 그것을 얻는 대가로 카메라 앞에 서는 순간마다 당신이 보여 줄 수 있는 모든 것을 보여 줄 것이며 그렇게 함으로써 평화와 조화 속에서 살게 될 것이다."

이소룡은 실제로 편지에 쓴 대로 미래를 맞이하였다. 편지에 적은 그의 소망이 이루어진 것이다. 이와 비슷한 사례가 있다. 짐 캐리는 무명 시절 집이 없어 공중 화장실에서 씻으면서 살고 있었다. 그는 지갑에 1,000만 달러짜리 가짜 수표를 넣고 다녔는데, 5년 안에 그것을 받게 된다는 내용을 거기에 써 두었다. 결국 그는 그의 꿈대로 〈에이스 벤츄라〉와 〈마스크〉가 연달아 성공하면서 일약 스타덤에 올라 1,000만 달러를 받는 스타가 되었다.

스콧 애덤스는 만화가 지망생이었다. 그는 온종일 만화만 그리고 싶었지만 돈을 벌기 위해 공장에서 일을 해야 했다. 하지만 그는 일하는 틈틈이 쉬는 시간만 되면 뭔가를 열심히 쓰곤 했다.

> '나는 유명한 시사 만화가가 될 것이다.'

신문에 실릴 시사 만화를 그리는 것이 그의 오랜 꿈이었다. 그는 하루도 빠지지 않고 그 문장을 열다섯 번씩 썼다.

하지만 이름 없는 아마추어의 만화가의 그림을 실어주는 신문사는 아무데도 없었다. 가족과 친구들도 그런 그를 설득하려 했지만 소용이 없었다. 애덤스는 꿈을 버리지 않고 매일 만화를 그리고 자신의 꿈을 열다섯 번씩 썼다.

그리고 몇 년이 지나 그는 여러 유명한 신문에 만화를 싣게 되었다. 그는 자신의 주문을 '나는 세계 최고의 만화가가 될 것이다'라고 바꾸고 하루에 열다섯 번씩 썼다.

결국 애덤스가 그린 〈딜버트〉라는 만화는 엄청난 인기를 모으며 2,000개가 넘는 신문에 실리게 되었다. 그뿐만 아니라 〈딜버트〉는 커피잔, 달력 마우스 패드와 같은 캐릭터 상품으로 만들어져 전 세계 곳곳에 팔리고 있다. 그리고 그가 운영하는 딜버트 홈페이지는 하루에 100만 명이 넘게 방문하고 있다. 이제 그는 종이에 이렇게 쓴다.

'나는 퓰리처 상을 받을 것이다.'

반드시 이루고자 하는 꿈이 있으면 종이 위에 적으라. 꿈은 선명한 현실이 되어 눈앞에 펼쳐지게 된다.

09

# 목표를 세우는 게 먼저이다

모든 성공인의 출발점은 바로 목표를 기록하는 것이다. 코홀리개 어린 애부터 노인에 이르기까지 성공을 하려면 목표를 기록하는 게 우선이다. 세계적 강연가인 브라이언 트레이시는 이렇게 말한다. "목표가 주석이다". 그만큼 목표가 중요하다는 이야기이다. 하지만 많은 사람들이 특별한 목표 없이 살아간다. 나 역시 그랬다. 하지만 어느 날 우연히 하우석의 『5년 후』를 읽고 목표 설정하는 법을 배우고 목표를 기록해 보았다.

이것은 그 당시 내가 설정했던 목표이다.

### 오 년 후 목표

- □ 최고의 교사
- □ 1등 베스트셀러 작가
- □ 예쁜 애인 있음
- □ 자동차 있음
- □ 유럽 여행 떠나기
- □ 연봉 일억
- □ 감동을 주는 글을 쓰기
- □ 자동차 면허 따기

- □ 일본 여행 가기
- □ 네 번째 책 내기
- □ 친구 열 명 갖기
- □ 베스트셀러 소설을 쓰기
- □ 목표의 힘 쓰기
- □ 독서법 책 쓰기
- □ 드라마 작가 되기
- □ 라디오에 출연하기
- □ 40대 영어 전문가
- …

대략 여기까지가 내가 세운 목표였다. 그 당시 나는 사회복무요원 교육을 받는 비참한 상황에 빠져 있었다. 다들 나보다 나이가 어렸고 자기 마음 내키는 대로 사는 것 같았다. 끼리끼리 어울리며 밥을 먹으러 나갔고 나는 혼자 외톨이가 되었다. 나는 담배를 피우며 스트레스를 이겨내었다. 당시 나는 그런 비참한 상황 속에서 미래를 꿈꾸었다.

목표를 세우고 나서 내 삶은 변화했다. 무익하고 의미 없는 삶에서 목표를 향해 전진하는 삶을 살게 된 것이다. 5년 후가 지난 지금 대부분이 이루어져 있다.

목표를 향한 전진은 소중하다. 그것은 인생을 다르게 한다. 만약 당신이 목표가 없다면 오늘 당장 목표를 기록하라. 당신의 삶이 달라질 것이다. 나는 그것을 확신한다.

# 꿈을 매일 말하라

꿈을 매일 말해 보자. 분명 인생에 변화가 있을 것이다. 꿈을 매일 수십 번씩 말하지 않는 자는 그것을 달성할 확률도 낮다. 꿈을 말하는 게 뭐가 그렇게 힘든가. 그 쉬운 일도 하지 않으면서 인생을 바꾸고자 하는 사람은 자신의 인생을 반성해야 한다. 나 역시 하루에 수십 번씩 내 꿈을 말한다. 그리고 그 꿈이 이루어졌을 때를 상상한다.

나는 매일 외친다. "20억을 벌 수 있다. 나는 대단하다. 나는 내가 좋다. 나는 나를 믿는다. 나는 성공으로 나아가고 있다. 나는 부자가 되어 가고 있다. 나는 나를 존경한다. 나는 모든 면에서 매일 좋아지고 있다" 와 같은 말을 한다. 나는 이제 내 내면 무의식에 이 같은 말이 스며들었을 것이라고 믿는다. 그리고 이제 현실로 나타나게 될 것이다.

뭐든지 꿈이 중요하다. 그리고 꿈의 열망이 크면 당연히 말로 나올 수밖에 없다. 입만 열면 자신의 꿈 이야기를 늘어놓지 않고는 못 견디는 것이다.

당신 역시 꿈이 있었으면 좋겠다. 남들에게 자랑하지 않고서는 견딜 수 없는 꿈을 가져라. 그리고 그 꿈을 이루어라. 그 시작은 그 꿈을 매일 말하는 것이다.

# 11
# 사진과 그림을 활용하라

## :; 『시크릿』의 비전 보드

존은 성취하고 싶은 것이나 끌어당기고 싶은 자동차나 시계 또는 꿈에 그리던 배우자 따위를 정한 뒤에 그 보드에 그림을 붙여 두었다. 나는 날마다 사무실에 앉아서 그 보드를 올려다보며 상상을 시작하곤 했다. 그러면서 이미 이루어졌을 때의 느낌에 빠져 들었다.

그로부터 오 년 후 우연히 상자 속 비전 보드를 발견하고 그때 상상한 그 집과 똑같은 집에 살고 있는 자신을 발견했다.

비전 보드에 원하는 것들의 그림과 바라는 인생의 모습을 붙여두고 상상에 불을 지피는 것도 좋다. 존이 그러했듯이 비전 보드를 매일 눈길이 닿는 곳에 놓아 두어라.

이미 얻었을 때의 감정을 느껴라. 받아서 감사함을 느끼고 나면 새로운 그림을 붙여도 좋다.

사진과 그림을 활용한 비전 보드는 『시크릿』이라는 책을 통해 널리 알려졌다. 자신이 이루고자 하는 꿈이나 목표를 그림이나 사진, 또는 글로 적어 보드에 붙여 놓으면 그것이 이루어질 확률이 더 증가한다는 주장이다. 실제로 인간의 뇌는 문자보다는 이미지에 더 적합하게 반응한다는 연구 결과가 있다. 그러므로 그림이나 사진은 인간의 뇌에 쉽게 기억되어 더 강력하게 반응한다는 것이다.

# 소설과 영화를 활용하라

자신의 소망과 꿈을 이루는 방법에는 소설과 영화를 활용하는 방법이 있다. 일본의 오사마 준이치의 『소망 연상법』의 바로 그것이다.

그는 마음속으로 소망을 그리는 방법 중 하나로 소설이나 영화를 이용하라고 권한다. 다시 말해 소설이나 영화 속의 생생한 장면을 빌려오는 것이다.

다음은 오사마 준이치의 방법을 실천한 어떤 이의 사례이다.

"저는 십여 년 전 미국 소설에서 여주인공이 증기선을 타고 대서양을 횡단하는 장면을 읽었습니다. 아직 비행기를 타지 않았던 2차 세계 대전 때의 일이어서인지 참으로 낭만적으로 느껴졌고, 나도 그런 배를 타고 여행하고 싶다는 생각이 들었습니다. 저는 그 정경을 쉽게 떠올릴 수 있었습니다. 소설 속에 자세히 쓰여 있었으니까요. 또 책 속의 주인공과 저를 바꿔 놓기만 하면 되었으니까요.

저는 그 꿈을 달성할 수단에 대한 궁리는 그만 멈추고 대신 쾌적한 여객선을 타고 여행하는 장면을 상상했습니다. 그러다가 이상한 기회로 세계 최고속의 호화 여객선을 타고 뉴욕에서부터 유럽 대륙으로 여행할 기회를 얻었습니다. 그것은 멋진 일이었습니다. 동양인이라고는 저 한 사람뿐이었지만 모두들 친절했고, 소설에서 읽었던 것보다도 훨씬 더 쾌적하고 멋진 여행이었습니다."

– 오시마 준이치, 『커피 한잔의 명상으로 10억을 번 사람들』

이외에도 다양한 사례가 있을 수 있다. 소설이나 드라마를 통해 접했던 것을 자신의 꿈과 연결 지어 꿈을 이루는 경우도 있다. 『호감 받고 성공 더』나 『작가의 신』을 읽고 성공한 작가를 꿈꾼다거나, 〈대장금〉을 보고 요리사를 꿈꾼다거나 〈허준〉을 보고 한의사를 꿈꾼다거나 하는 것이다.

또한 많은 사람들이 멜로 영화를 보면서 그와 같은 달콤한 사랑을 꿈꾸기도 한다. 이 방법은 책 한 권 영화 한 편의 비용을 합쳐 3만 원도 되지 않는다. 하지만 효과는 보장한다. 생생하게 꿈꾸는 데 많은 도움이 되기 때문이다.

책이나 영화를 보는 것보다 더 적극적인 방법을 활용하는 사람은 책을 쓰거나 영화를 찍기까지 한다. 멜 깁슨은 하나님의 사랑을 깨닫고 〈패션 오브 크라이스트〉를 만들었고 기욤 뮈소는 여러 사랑 이야기를 자신이 지어서 쓰기까지 했다. 이는 돈을 버는 목적보다도 자신의 이루어지지 않는 꿈을 이루기 위해 대리 만족을 하는 경우를 뜻한다. 나 역시 내 사랑 이야기를 적어서 소설로 써 보기도 하였다. 그러니까 미래의 성공담을 적어 보라는 이야기이다. 이는 미래 일기와도 비슷하다. 미래를 꿈꾸면서 미래를 적어 보면 나중에 그와 같은 삶을 살지 못하리라는 법도 없다.

그러므로 사랑과 성공을 원하는 모든 이들은 이 소설 쓰기, 영화 보기, 일기 쓰기를 중요시해야 할 것이다.


또 모치즈키 도사카의 『나의 꿈을 이뤄주는 보물지도 무비』가 있다. '보물지도 무비'란 사진, 음악, 글을 이용해 자신의 꿈과 행복을 무비 형태로 만든 것이다. 이것을 매일 봄으로써 끝없는 열정과 도전 정신을 샘솟게 만들고 성취욕을 높여 꿈과 행복을 현실화시키는 강력한 성공 도구라고 말할 수 있다.

보물지도 무비의 가장 큰 장점은, 당신의 꿈과 행복이 실제로 현실에 일어나고 있는 것처럼 생생하고 명확하게 이미지화시켜 준다는 것이다. 즉, 꿈이 이루어졌을 때의 흥분된 감정을 유지시켜 주고, 그 결과 실천하는 사람으로 자연스럽게 변화시켜 준다.

꿈을 100퍼센트 이룬 사람들은 성공한 자신의 모습을 머릿속으로 떠올리며 감정을 조절하고 적극적으로 행동함으로써 그것이 습관이 되어 버린 것이다. 그것이 성공으로 이르게 하는 습관이다.

## 13

# 감사는 최고의 자기계발 비법이다

감사는 중요하다. 앞서 나는 1만여 권의 책을 읽었다고 했다. 그렇게 많은 책을 읽어서 얻은 게 무엇이냐고 묻는다면 나는 오직 한 단어 '감사'를 뽑겠다. 사실 살아간다는 게 감사함이다. 이 우주가 탄생한 것 자체가 경이고 감사함이지 않은가. 이런 감사를 아는 사람이 있고 모르는 사람이 있다. 감사하는 사람은 행복하고 감사를 모르는 사람은 불행하다. 나 역시 처음부터 감사하는 사람은 아니었다. 대학교 때 휴대폰 첫 화면에 '범사에 감사하자'라는 문장을 쓰면서 살았던 나이지만 모든 게 감사하지만은 않았다. 뒤늦게 감사를 찾은 것은 『땡큐 파워』라는 한 책을 통해서다. 감사 일기를 써야겠다고 생각하고 감사 일기를 3년째 꾸준히 쓰고 있다. 감사 일기는 오프라 윈프리의 성공 비결 중 하나이며 나는 그 감사 일기를 평생 동안 쓸 작정이다.

일이 안 풀릴 때는 감사함이 없을 때일 가능성이 높다. 감사함을 가지면 신기하게도 일이 잘 풀린다.

감사함은 또한 부와도 관계가 크다. 수십 번 수백 번 '감사합니다'를 말하라는 책도 있다. 그러면 부자가 된다는 것이다. 『시크릿』에서도 감사하기를 실천하라는 말이 나온다. 감사가 행복과 부를 가져다준다는 것이다.

감사는 사실 종교 활동에서 많이 강조되는 활동이다. 『성경』이나 불경을 읽으면 감사함의 중요성이 나와 있다. 물론 그 감사의 첫째는 부모님이 되어야 할 것이다.

나 역시 부모님과 가족에 감사하며, 우주의 창조주에게도 감사함을 드리면서 평생 동안 행복하게 살고 싶다. 나 역시 인간인지라 좋은 일도 나쁜 일도 일어나겠지만 좋은 일이나 나쁜 일이나 변함없이 감사하며 살고 싶다. 『성경』에는 욥이 나온다. 욥은 하나님으로부터 많은 것을 받았으나 하나님이 그것을 모두 거두어 간다. 그럼에도 불구하고 욥은 하나님께 감사하고 하나님은 그에게 더한 풍요와 행복을 안겨 준다.

우리도 이처럼 욥처럼 살아가는 것이 어떨까. 사실 알게 모르게 많은 사람들이 욥처럼 살아가고 그들은 행복하다.

감사는 꼭 좋은 일이 생겼을 때만 하는 것은 아니다. 여러 가지 문제나 일에 대해서도 감사하는 마음을 가져야 한다. 그랬을 때 당신의 삶이 꼭 바뀔 수 있다는 것을 믿기를 바란다.

# 14
## 10개의 생각보다 하나의 실천

생각만 하고 실천을 하지 않는 사람이 있다. 당신의 모습이 아닌가. 아무리 많은 책을 읽고 아무리 많은 글을 쓴다 할지라도 행동을 하지 않는다면 그것이 무슨 의미인가. 쓸데없는 짓을 한 것이 되고 만다. 우리가 독서를 하는 것은 우리 삶이 변화하기 위함이다. 글을 쓰는 것은 내가 어떤 삶을 살겠다는 선전포고나 다름없다. 하지만 수없이 많은 생각을 함에도 땅에 발이 붙은 것처럼 한 발자국도 나아가지 못하는 것은 다름 아닌 생각 과잉, 무실천 때문이다.

나는 어쩌다 작가가 되었을까. 그것은 내가 꾸준하게 끊임없이 책을 읽고, 또 생각을 바탕으로 꾸준하게 글을 썼기 때문이다. 내가 영어 교사를 잘할 수 있는 것도 여러 책을 읽고 그 책에 나오는 여러 가지 권고 사항들을 한번 시도해 보았기 때문이다. 사람은 살면서 책뿐만 아니라 다른 여러 사람에게서 조언을 듣는 경우도 많이 생긴다. 이런 조언들을 듣고 그냥 무시하거나 신경 쓰지 않는 경우가 대다수이지만 소수는 그 조언을 듣고 자신을 바꾸기 시작한다. 그중 한명이 바로 링컨 대통령이다. 링컨은 어린 소녀에게서 수염을 길러 보라는 조언을 받는다. 어린아이의 말이라서 그냥 무시할 수도 있는 일이었다. 하지만 링컨은 한번 수염을 길러 보기로 한다. 결국 링컨은 자신의 이미지를 바꾸는 데 성공하고 대통령으로 당선된다.

타인의 조언을 한 번 듣고 행동을 바꾼 것만으로 대통령이 된 것이다. 오늘도 일상을 살아가고 있는 당신은 어떠한가. 자신을 바꾸고 있는가. 그저 그 자리에 머물고 있는가. 이 책은 당신에게 자극을 주고 지식을 주고 당신을 변화시키기 위해 쓰여졌다. 변화하지 않는 당신에게 욕설에 가까운 독설을 하고 싶으나 그건 내 스타일이 아니기에 참기로 한다. 하지만 변화하지 않는다면 당신은 궁지에 몰릴 것이고, 벼랑 끝에 매달릴지도 모른다. 그때 와서는 당신의 삶을 변화시키는 것은 불가능하다. 그제야 조희전 작가가 당신에게 한 말에 대해 생각해 보게 될 것이다. 인생을 바꾸는 것은 당신 자신이고 누구도 당신을 어떻게 해 줄 수 없다는 사실을 말이다.

나는 이 사실을 몰랐기에 서른이 넘도록 내 인생에 큰 변화를 가져오지 못했다. 분명 사회적으로 더 성공하고 행복한 이들은 이 사실을 알았기에 자신의 행동을 바꾸어 그 자리를 쟁취한 것이다. 나는 여기서 사회가 어떻고, 나라가 어떻고 하는 이야기는 하지 않으려고 한다. 이 자리에서 만족하지 못하는 사람은 어느 나라 어느 곳에 가서도 만족하지 못하고 불평할 게 뻔하다. 당신의 성공과 행운을 기대한다. 먼저 행동해 먼저 변하는 당신이 되기를 빈다.

# 15
# 자기계발은 재능에 달렸다

모든 일을 모두가 똑같이 잘하는 것은 아니다. 어떤 사람은 A를 잘하고 어떤 사람은 B를 잘한다. 우리는 이를 재능이라고 부른다. 이 세상에 태어나 성공하려면 자신의 재능에 맞는 일을 해야 한다.

이른바 자기계발은 재능에 달린 셈이다. 사람들을 보다 보면 엉뚱한 데서 시간을 낭비하는 경우를 많이 본다. 자신이 최고의 능력을 발휘할 분야가 아닌 데서 엉뚱하게 시간을 보내는 것을 보면 안타깝다. 누구나 꿈은 있다. 그 꿈은 소중하고 존중받아야 하지만 그 꿈을 꾸는 것만큼이나 중요한 것이 자신의 재능을 찾는 것이다.

자신의 재능을 찾기 위해 노력한 사람들 중에서 작가들을 살펴보자. 이외수는 수많은 직업을 전전했으나 결국 글쓰기에서 자신의 재능을 찾아 성공할 수 있었다. 해외에도 이런 사례는 많다. 댄 브라운 역시 여러 가지 잡다한 일들을 하였으나 결국 그의 소설이 성공해 성공한 작가가 되었다. 스티븐 킹 역시 수없이 많은 일들을 하다가 결국 자신만의 글을 써서 공포 문학의 대가로 이름을 떨칠 수 있었다.

올바른 재능과 그 재능을 키우기 위한 노력을 함께 하면 많이 성장할 수 있다. 성장하는 재미에 더욱더 빠져들어 그 재능의 잠재력을 폭발시키는 것이다.

지금 한창 자신의 재능을 뽐내고 있는 사람을 보자면 류현진과 손흥민이 아닐까 싶다. 류현진은 야구, 손흥민은 축구라는 자신만의 재능을 발휘해 승승장구하고 있다. 이들을 보면 절로 기분이 좋아지고 응원하고 싶어지는 마음이다. 우리의 삶도 그들처럼 되면 얼마나 좋겠는가. 물론 재능을 찾는 일은 쉬운 일은 아니지만 노력에 따라 우리의 재능에 가까운 일을 찾아 생계를 유지하는 직장 생활보다 훨씬 더 나은 삶을 살 수 있기를 바란다.

## 16
# 재능은 타고난다

생각해 보면 학창 시절부터 재능 있는 친구들을 많이 봐 왔다. 재능은 타고난 것 같다. 유전자에 입력된 사람의 개인 성향은 노력으로 극복 못할 그런 분야도 많이 있다. 바둑이나 장기 같은 두뇌 스포츠, 축구나 야구 같은 스포츠, 음악이나 미술과 같은 분야에서는 천재들이 많이 나온다. 천재가 아니고서는 일정한 한계를 넘을 수 없다는 것이 그 분야에 종사하는 사람들이 입장이다.

흔히 알고 있듯이 모차르트는 천재였고 살리에리는 노력파였다. 살리에리 역시 음악의 대가였으나 음악의 천재인 모차르트를 능가할 수 없었다. 당신이 가지고 있는 능력은 무엇인가. 나를 모차르트급으로 만드는 그 재능을 찾아 잠재력을 폭발시켜야 한다. 그것만이 우리 인생을 남들과는 달리 남과 다른 차원 높은 인생을 살게 해 주는 지름길일 것이다.

나에게 있어서 그것은 독서였던 것 같다. 나는 공부도 곧잘 했지만 그것보다는 독서 쪽에 더 관심이 많았다. 하지만 독서를 아무리 많이 해도 사람들은 잘 인정해 주지 않았다. 그래서 시작한 것이 작가였다. 작가로서 크게 성공하고 돈도 많이 번다면 사람들이 인정해 줄 것 같았기 때문이다. 조금은 유치할 수 있는 인정 욕구로부터 글쓰기를 시작했지만 나는 글쓰기 초기에 비하면 많이 발전했다고 스스로 생각한다.

글쓰기 잠재력이 폭발해 나 역시 세계적인 작가가 되기를 기원해 본다. 그렇게 되려면 얼마나 많은 시간과 노력을 투자해야 할지는 모르겠다. 하지만 내가 정확한 방향을 향해 나아가고 있으므로, 앞서 말했듯 우보천리라는 말이 있듯이 천 리 길이라도 걸어갈 것을 믿는다.

당신 역시 당신만의 재능을 찾아 그 길을 뚜벅뚜벅 걸어가기를 바란다. 그 길은 요행이 없고 오직 노력만을 통해 향상시킬 수 있는 길이다. 그 길을 묵묵히 걸어가라.

## 17
# 나는 100억 이상의 가치가 있다

누가 당신의 목숨을 사려고 한다면 팔겠는가. 아마 절대로 팔지 않을 것이다. 당신은 10억, 100억 이상의 가치가 있다. 하지만 당신은 그것을 모르고 있다. 그래서 싼값에 회사나 정부에 몸을 팔고 있는 셈이다. 당신 안에는 잠재되어 있는 내면의 거인이 있다. 이 거대한 잠재된 거인을 깨우려면 필요한 것이 공부이다. 공부는 앞서 말한 것과 같이 독서가 기본이다. 그러므로 내면의 힘을 깨우려면 독서가 필요한 것이다. 독서를 통해 우리는 강자가 될 수 있다. 알다시피 사회는 약육강식의 세상이다. 인간의 세상은 동물의 세상과 다를 바 없다. 눈앞의 여러 가치들로 그 의미가 희석되어 있지만 그 겉을 걷어 내고 나면 생생한 약육강식의 세상이 그 모습을 드러낼 것이다. 이런 세상에서 살아남으려면 소인으로는 생존만이 가능할 뿐이다. 직장의 노예로 살아가는 것이다. 하지만 자신의 거대한 힘을 깨운 사람들은 결코 회사의 노예로 살아가지 않는다. 그들은 자신의 잠재된 능력을 깨워 거인의 삶을 살아간다. 이런 사람들은 독서를 통해 자신의 삶을 바꾸고 계속되는 독서로 거대한 성공을 거두고 책의 주인공이 되든지 아니면 책의 작가가 된다. 성공의 완결판인 셈이다.

사회의 주목받는 1퍼센트로 살아갈 것인가, 그렇지 않을 것인가는 자신의 분야에서 최고가 되는가 그렇지 않는가의 싸움이다. 자신에게 주어진 재능이 없다고 생각하는 사람일수록 책을 읽어라. 책은 가장 저렴한 비용으로도 확실하게 자신의 분야에서 성공할 수 있는 기회를 준다.

나 역시 직장 생활을 시작한 이후로 나의 가치를 연봉으로만 평가하고 있었는데 우연한 기회에 나의 가치를 알고 나서부터는 나의 가치를 10억, 100억 이상으로 보고 있다. 당신의 삶 역시 마찬가지이다. 당신의 가치는 적어도 100억 이상이다.

## 18
# 꿈꾸는 자는 이룬다

나는 인생에서 가장 중요한 것이 무엇이냐는 물음에 꿈이라고 답한다. 나는 사람을 만날 때마다 궁금한 것이 있다. 당신의 꿈은 무엇이냐는 것이다. 꿈이 있는 자는 보통 사람과는 다른 삶을 살아간다. 늘 자신의 삶을 꿈꾸기에 눈빛이 다르고 가슴에 설렘을 가지고 산다. 이에 보통 사람은 흔한 말로 '죽지 못해' 산다. 아무리 지위가 많고 돈이 많은 사람일지라도 꿈을 잃으면 늘어진 식물처럼 말라 비틀어 죽게 된다.

꿈은 내면의 건강함을 말해 준다. 건강한 꿈을 가진 사람은 실제의 삶도 건강하게 살아간다. 하지만 비틀린 욕망을 가진 사람은 범죄로 이어지게 된다. 당신은 어떤 삶을 살고 있는가. 당신의 삶이 바로 대한민국의 미래를 바꾼다. 당신의 삶은 하나하나 정말 소중하다. 왜냐하면 당신은 이 대한민국의 하나의 구성원이기 때문이다. 당신이 불행하면 대한민국이 불행하고 당신이 행복하면 대한민국은 행복하다. 국가가 해 주는 것이 미흡하다는 것은 나도 알고 있다. 하지만 자긍심을 가지고 자신의 삶을 바꾸려고 노력하라. 개인의 노력까지 국가가 보조해 줄 수는 없다. 뜻이 있는 곳에 길이 있고 꿈이 있는 곳에 그 성취가 있다. 자신의 꿈을 이루기 위해 끝까지 노력하다 보면 주위 사람들도 하나씩 도움을 주게 마련이다. 그리고 자신의 꿈을 이루었을 때 성공은 나눔과 헌신을 위함이라는 것을 잊지 말라. 그것이 진정한 성공인의 자세이다.

# 월급의 10퍼센트는 자기계발에 사용하라

자기계발은 인생에 대한 투자이다. 인생에 있어 저축도 필요하지만 투자는 부자가 되기 위해 필요하다. 그런데 투자 중에 가장 좋은 투자는 바로 자기 자신에 대한 투자이다 자신의 몸값을 높여 더욱 발전된 자기를 만나는 것이다. 그래서 월급의 10%는 자기계발에 투자해야 한다. 이건희가 삼성의 회장이 되었을 때 삼성은 세계적인 기업이 아니었다. 사장들은 국내 시장에서 1위 한 것을 자랑스럽게 여기고 있었다. 하지만 이건희는 삼성이 망할 것 같은 불안감에 시달렸고 삼성 순이익의 3분의 1를 삼성의 자기계발비에 사용했다. 그 결과 삼성은 놀랍게도 세계 1위의 기업으로 거듭나게 된다.

이건희의 삼성이 자기계발비에 투자함으로써 세계 최고의 기업이 되었듯이 당신의 삶 역시 자기계발에 투자하면 세계 최고의 인재로 거듭날수 있다. 나 역시 자기계발에 투자하라는 이야기를 듣고 월급의 10% 정도는 자기계발에 투자하고 있다. 내가 투자하는 곳은 영어 학습과 독서이다.

투자하며 미래를 준비하는 사람의 미래는 밝을 것이다. 하지만 현재에 만족하면서 발전 없이 사는 사람의 미래는 점차 불투명해진다. 회사에서의 위치도 위험해진다. 언제 방출되어도 아무 할 말 없는 사람이 되어 무능력자로 낙인 찍힌다. 그런 상황을 막으려면 지금이라도 자기계발에 더욱 몰두해야 한다. 지금은 세상이 평평해졌다. 그 의미는 어느 곳이든 치열한 달리기 경쟁이 펼쳐지는 경기장이 되었다는 것이다. 그래서 우리의 삶도 팍팍하다. 이것을 정부보고 해결해 달라고 할 수는 없다. 세계적인

현상이기 때문이다. 우리는 그래도 달려야 한다. 남보다 앞서기 위함이
아닌 자신의 생존과 가족의 행복을 위해서이다. 이를 위해 필요한 것 중
에 단순하게 할 수 있는 일이 자신의 월급의 10%를 자기계발에 사용하
는 것이다. 나는 자기계발을 위해 30%까지 사용한 적이 있다. 새로운 인
재로 거듭나기 위한 나만의 방법이었다. 당신도 다른 삶을 원한다면 월
급의 일정 부분을 자기계발에 사용하라. 당신의 인생을 바꾸는 지름길
이다.

# 성공인의 강연을 들어라

성공인들은 바쁘다. 왜냐하면 그들은 불러 주는 데가 많기 때문이다. 그들은 주로 강연을 한다. 그 강연은 한 번의 수입이 일반인의 한 달 월급만 하다. 그래서 성공인은 더욱 부자가 되고 더욱 인기를 얻는다. 우리는 그 모든 강연을 모두 찾아 다닐 수는 없다. 하지만 자신 진짜 관심 있는 분야의 사람이라면 직접 찾아가서 들을 수 있다. 사실 시간적, 공간적 여유가 부족해 직접 참여하지 못할 수도 있다. 하지만 지금은 인터넷 시대가 아닌가. 세바시, 테드, 유튜브 등 유명인의 강연을 들을 수 있는 통로는 많이 있다. 되도록 많은 성공인들의 강연을 들어 보자. 아마 배울 점이 많을 것이다. 그리고 그들의 공통점과 차이점을 찾을 수도 있고 공통점만을 보아 그것을 실천할 수도 있다. 사실 열심히 사는 사람들은 벤치마킹에 열심이다. 항상 성공인들이 무엇을 하고 무엇을 해서 성공했는가에 관심이 많다. 나 역시 어릴 때부터 성공하고자 하는 관심과 열정이 많았기에 성공인의 강연을 많이 들어 왔다. 그 강연에서 나는 많은 것을 배울 수 있었고 부족하나마 지금의 내가 있는 것이다. 당신 역시 연예인 신변잡기에 열을 올리지 말고, 성공인들의 강연을 듣는 데 열을 올려 보자. 머지않아 당신 역시 성공인들과 어깨를 나란히 하는 이 사회의 진정한 성공인으로 거듭날 것을 확신한다.

# 21
# 인내는 자기계발의 기본이다

사람의 인생은 무거운 짐을 지고 먼 길을 가는 것과 같다. 서두르면 안 된다. 무슨 일이든 마음대로 되는 것이 없다는 것을 알면 굳이 불만을 가질 이유가 없다. 마음에 욕망이 생기거든 곤궁할 때를 생각하라. 인내는 무사장구의 근본, 분노는 적이라 생각하라. 승리만 알고 패배를 모르면 해가 자기 몸에 미친다. 자신을 탓하되 남을 나무라면 안 된다. 미치지 못하는 것은 지나친 것보다 나은 것이다.

- 도몬 후유지, 『도쿠가와 이에야스 인간 경영』에서

내가 적어 놓고 틈틈이 잊지 않는 문장이 있다. 그것은 바로 도쿠가와 이에야스가 말한 바로 이 문장들이다. 도쿠가와 이에야스는 군주가 되기 위해 무려 18년의 세월을 기다렸다. 그것도 즐겁게 기다린 것이 아니다. 볼모로 잡혀서 기다린 기간이 10여 년이 넘은 것이다. 아마도 많은 사람들은 그 시간을 견디지 못하고 포기하고 말았을 것이다. 하지만 도쿠가와 이에야스는 인내하며 참으며 자신의 성미를 다스렸다. 그 역시 처음부터 인내심 있는 사람은 아니었을 것이다. 하지만 상황에 맞추다 보니 인내하는 능력이 키워졌을 것이다. 일본에는 이런 말이 있다. 울지 않은 새가 있다. 어떻게 울릴 것인가. 노부나가는 칼로 벤다. 히데요시는 꾀를 낸다. 이에야스는 기다린다는 것이다. 이런 인내심은 미국의 대통령 도날드 트럼프도 가지고 있는 것이다. 그는 한 건물을 짓기 위해 무려 30여 년의 세월을 기다린 적도 있다고 한다. 그런 인내심이 있었기에 뚝심으로 미국의 대통령의 자리에까지 오른 것이다. 자기계발의 과정은 쉽지 않다. 뜻대로만 되면 누구나 성공할 것이다. 하지만 방해 요소들이 있다. 이런 방해에도 불구하고 앞으로 나아가려면 현실을 인내하고 버티는 능력이 필요할 것이다.

## 22
# 꿈을 포기하지 마라

교사 모임인 배구 동아리를 마치고 회식을 가졌다. 그곳에서 회식을 2차까지 끝내고 집으로 돌아왔다. 잠을 자려고 했지만 잠이 오지 않았다. 그리고 문득 잊혔던 꿈이 생각났다. '아, 나는 베스트셀러 작가가 되고 싶었지. 그래서 일상의 업에서 벗어나 자유롭게 살고 싶었지. 아, 그리고 멋진 여인을 만나 연애하고 결혼하고 싶었지'. 모든 것을 포기하고 있었다. 하지만 문득 그때의 꿈이 생각났다.

나는 유명한 작가가 되고 싶었고 훌륭한 지도자가 되고 싶었다. '나의 꿈은 아직도 생생하게 있는데 세월은 흐르고만 있구나'. 나는 다시 책을 들었고 책을 읽었고 글을 쓰기 시작했다.

모든 작가의 성공기가 엄청난 인내의 결과라는 사실을 알고 있는가. 한 권의 책이 나오기에는 얼마나 많은 시간의 인내가 필요한가. 자료 조사, 내용 새롭게 쓰기, 고쳐 쓰기 등 책의 과정 한 단계, 한 단계는 작가의 몸과 마음을 피곤하게 만든다. 물론 영감이 내려와 즐겁게 쓸 때도 있다. 하지만 많은 시간 작가들은 쓸거리를 찾지 못해 한탄하면서 많은 시간을 보내기도 한다.

나는 이 모든 과정을 이겨내기로 했다. 그리고 다시 고쳐 쓰고 내용을 보완하고 또 다시 고쳐 쓰기를 반복하기로 했다. 이 글 역시 수십 번의 거절을 당했던 글이다. 하지만 나는 내 꿈을 포기하지 않을 것이다. 이 글은 출판될 것이고 많은 사람의 사랑을 받을 것이다. 나는 내 꿈을 잊지 않고 있다. 나는 베스트셀러 작가가 될 것이고, 내 꿈을 다시금 이룰 것이다. 당신 역시 마찬가지이다. 어릴 때 혹은 20대의 꿈을 잊고 현실에

묻혀 살고 있는가. 당신의 꿈을 다시 꺼내 보라. 낡은 사진처럼 희미해져 있는가. 다시금 초점을 맞추어 그 사진을 생생하게 그려 보아라. 당신의 꿈 역시 이루어질 것이다. 당신이 포기하지만 않는다면 말이다.

## 23
# 자기계발보다 재테크가 중요하다?

지금도 그렇지만 한때 재테크가 유행했던 적이 있다. 재테크에 관련된 책도 여러 권 나왔다. 경제가 침체되고 위기가 닥칠수록 사람들은 돈의 중요성을 확인하고 재테크에도 열을 올린다. 하지만 20대부터 재테크를 시작하는 것은 조금은 이르다는 생각이 든다. 그때는 자기계발에 힘쓰며 배워야 할 때이기 때문이다. 물론 재테크는 일찍 시작할수록 좋다. 젊을 때부터 돈을 모으는 사람이 돈을 많이 모은다. 그래서 한때는 고등학교만 졸업하고 바로 취직해서 돈을 모은 사람이 부럽기도 했다.

나는 스물여섯 살이 되어서야 돈을 벌 수 있었고 그 이전에는 수입이 없었다. 돈을 벌게 된 이후 몇 년 동안은 돈을 쓰는 재미에 빠져 돈을 별로 모으지 못했다. 그것도 군대에 가게 되면서 돈을 다 써 버려 나는 29살이 되어서 다시 0원부터 돈을 모아야 했다.

하지만 나는 책과 자기계발에 쓴 돈이 아깝지는 않다. 그때의 투자가 있기에 지금의 내가 있다고 생각한다. 젊을 때의 방황이 있었기에 지금 목표와 목적을 가지고 흔들림 없이 나아갈 수 있다고 생각한다.

직장인 5년 차, 자기계발뿐만 아니라 재테크에도 신경 써야 할 나이이다. 하지만 너무 돈에만 몰입하지 말라. 인생은 돈을 모으는 것 이외에도 소중한 것이 너무도 많다. 이를 위해 우리는 재테크를 하는 것이다. 재테크를 하는 이유를 잊지 말고 본말을 전도하지 말자.

# 20년, 30년 후를 생각하라

20년, 30년 후의 미래를 생각하자. 그러면 자신이 해야 할 일이 떠오른다. 먼 미래여서 너무 멀다고 생각하지 말자. 오늘 노력하지 않으면 그만큼 미래는 불투명해진다. 인생에서 무엇인가를 꼭 이루고자 하는 게 있다면 그것을 적어 보아라. 20년, 30년을 노력하면 그것은 분명히 이루어진다. 사실 중요한 것은 무엇을 이룰 것인지 결정하는 것이다.

20년, 30년이 너무 길어서 떠오르지 않는다면 5년 후를 생각하라. 5년 후라면 뚜렷이 어떻게 내 인생을 변화해 갈 것인지가 그려진다. 그리고 결과가 5년 후에 바로 나오므로 그것을 확인하고 달성하기에도 좋다.

내 말의 요점은 미래를 바라보자는 것이다. 자기계발은 자신을 바꾸는 것이다. 현재의 삶이 만족스럽다면 굳이 자기계발을 할 필요가 없다. 알 수 없는 미래에 대한 불안으로 우리는 자기계발을 하고 노력하는 것이다.

먼 미래를 바라보고 자기계발을 한다면 우리 역시 자신의 분야에서 최고의 자리에 오를 수 있다. 삼성이 먼 미래를 바라보고 반도체 사업에 뛰어들었듯이 우리도 먼 미래를 보고 자신이 어떤 분야에서 최고가 될 수 있을지 판단해 그곳을 향해 뛰어드는 대담성과 용기가 필요하다.

20년, 30년을 바라보고 지금부터 5년 단위로 준비하라. 당신의 인생은 분명히 바뀐다.

# 감사해야 변한다

이 책은 독서에 관한 책이지만 따로 감사에 대한 이야기를 하려고 한다. 왜냐하면 감사야말로 변화의 시작이자 끝이기 때문이다. 또한 감사는 자기계발의 시작이자 끝이다. 흔히 독서를 하면 변한다고 하는데 그렇지 않은 경우가 많다. 그 이유는 감사하지 않아서이다. 감사를 하면 인생에 변화가 찾아온다. 오히려 독서에 미치는 것보다 강력한 변화가 내 안에 찾아든다. 인생이 행복해지고 일이 잘 풀리기 시작한다. 긍정적인 마음가짐이 내 안에 싹트고 희망의 씨앗이 자라난다.

감사의 방법은 간단하다. 노트나 블로그를 활용하면 좋다. 손글씨로 적고 싶은 사람은 마음을 꾹꾹 눌러 노트에 적고, 보다 감사 일기를 효율적으로 관리하고 싶다면 블로그에 적어라.

나는 매일 블로그를 열 때마다 감사한 일들을 적었다. 그렇게 하면 어느새 감사하는 마음이 내 곁에 있다는 것을 알게 되었다.

감사하기는 자동차의 에어백과 같다. 에어백이 사고 났을 때 생명을 지켜 주는 것처럼, 인생에 여러 가지 나쁜 일이 닥쳤을 때 감사하는 마음은 우리의 마음을 지켜 준다.

'감사합니다'를 하루에 천 번 하면 부자가 된다는 말이 있다. 꼭 부자가 되지 않아도 좋다. 감사하기를 실천하면 어느새 행복은 당신 곁에 머무를 것이다.

이런 감사는 그냥 기분으로만 그런 것이 아니다. 과학적인 근거가 있다. 연구에 의하면 감사를 하면 낙관, 열정, 활력 등을 느끼게 하는 뇌 왼쪽 전전두피질이 활성화돼 스트레스가 완화되고 행복을 느끼게 된다고 한다.

앨버트 아인슈타인은 최고의 과학자였지만 기적과 감사하는 삶에 몰두했다고 한다. 그는 이런 말을 하였다.

"인생에는 두 종류의 사람이 있다. 기적이 없다고 믿는 사람과 모든 것이 기적이라고 믿는 사람이다. 나는 후자이다."

이는 스티븐 호킹 박사도 마찬가지이다. 그는 이렇게 말했다.

"나에게는 움직이는 세 개의 손가락이 있고, 생각할 수 있는 머리가 있습니다. 내게는 꿈이 있고 사랑하는 가족과 친구들도 있습니다. 그리고 나는 감사할 줄 아는 마음을 가졌습니다."

노벨 평화상을 수상한 남아프리카 공화국의 넬슨 만델라는 무려 27년간의 감옥생활을 했다. 그럼에도 불구하고 그는 분노 대신 감사를 선택했다.

당장 행복하고 싶은가. 그렇다면 감사부터 시작하라. 감사는 당신을 행복하게 한다.

# 26
# 죽어도 당신이 이겨야 하는 이유

나는 세상을 이기고 싶었다. 죽어도 세상을 이기고 싶다는 마음이 있었다. 나는 죽어도 사회나 배경을 핑계 대며 변명하는 사람이 되기 싫었다.

많은 사람들이 변명을 한다. 집안 탓을 한다. 사회 탓을 한다. 금수저, 은수저 한다. 우리나라의 환경과 정치, 조건을 탓한다. 나는 그러기 싫었다.

나는 내 삶에서 성공하고 싶었고 조건이 완벽하지 않아도 성공할 수 있다는 것을 보여 주고 싶었다.

많은 사람이 재능 탓을 한다. 자신의 학력 탓을 한다. 하지만 나는 그러기 싫었다. 나 역시 재능을 타고난 것은 아니었다. 하지만 재능이 없더라도 자신의 잠재력을 키워 성공할 수 있다는 것을 보여 주고 싶었다.

나는 사회의 고정관념과 통념에 무릎 꿇고 싶지 않았다. 나만의 길을 나의 의도로 개척해 나가고 싶었다.

나는 가정의 배경에서 벗어나고 싶었고 사회적인 통념에도 벗어나고 싶었다. 나는 승리하고 싶었다.

당신은 어떤가. 그냥 사회 속에서 물 흐르듯이 살고 있는가. 아니면 꿈을 꾸고 있는가. 아니면 사회를 뒤집을 생각을 하고 있는가.

어느 것을 선택하든 그대 자유이다. 하지만 변명이나 핑계만을 대는 인생이 되지 않기를 바란다. 우리에게는 더 나은 선택지가 있다. 자신의 꿈과 희망을 이루고 자아실현을 하는 그런 훌륭한 삶을 말이다. 나는 나와 당신이 그것이 가능하다고 믿는다.

# 인생은 노력이다

인생은 노력한 만큼 얻는다. 나는 거짓말을 못하겠다. 노력이 사실인 것을 어떻게 거짓말을 하겠는가. 거기에 더해 재능이라는 변수가 있다. 결국 '성취 = 노력 × 재능'이다.

많은 사람들이 '노력 × 재능'이라는 공식을 통해 사회에서 성공을 하거나 승리를 한다.

재능이 부족하면 더 노력을 해야 하고, 재능이 더 많으면 더 적은 노력으로 또는 같은 노력으로 더 많은 성공을 거둔다.

이는 공부, 스포츠, 예술, 어떤 분야에서든지 공통적으로 적용될 수 있는 하나의 공식이다.

나 역시 글쓰기에 재능은 부족했다. 그래서 작가가 되기 위해 10여 년을 노력해야 했다. 그리고 세계적인 베스트셀러 작가가 되기 위해 얼마나 더 많은 노력을 해야 할지 모른다. 하지만 재능 있는 사람들은 이미 20대 초반에 신춘문예와 같은 곳에 당선되면서 자신의 재능을 드러낸다. 그런 사람에 비하면 난 재능이 부족하다. 그래서 내가 작가로서 살아남는 길은 그 사람들보다 더 노력하는 길밖에 없었다.

박지성도 축구인으로서의 재능은 조금 떨어지는 사람이다. 고종수 같은 사람이 더 재능이 있었다. 하지만 박지성은 자신의 부족한 재능을 노력으로 채웠고 세계적인 플레이어로 활약했다.

재능이 부족한 사람은 더 노력해야 한다는 점에서 세상은 불공평하다고 볼수도 있다. 하지만 많은 재능 있는 사람들이 자신의 재능을 믿다가 몰락하지만 재능이 부족해도 꾸준히 노력하는 사람은 결국 사람들의 박수를 받게 된다. 이 사실을 안다면 재능이 없다고 너무 위축될 것도 없고 재능이 많다고 자만할 필요도 없다.

# 노력을 하면 할수록 재미있다

노력은 하면 할수록 재미있다. 실력이 늘어나기 때문이다. 실력이 향상되는 재미에 노력을 계속하게 된다. 여기서 중요한 것은 정체기를 버텨내야 한다는 사실이다. 노력을 거듭해도 실력의 변화가 없는 정체기를 견뎌내야 진정한 노력을 할 수 있고 더 나은 실력으로 업그레이드될 수 있다. 실력은 직선으로 오르는 게 아니라 계단식으로 오른다. 한동안 오르지 않다가 실력이 오르고 또 한참 그대로이다가 실력이 오른다. 당신이 어떤 영역의 무엇을 하든지 이와 비슷한 방식으로 실력이 향상된다.

나는 피트니스 센터에 다녔는데 처음에는 변화가 있다가 어느 정도 시간이 지나자 변화 없는 시기가 지속되었다. 나는 피트니스 센터를 그만두고 말았다. 다니나 안 다니나 별 변화가 없다고 생각했기 때문이다. 하지만 영어 공부는 꾸준히 계속했다. 변화가 없는 시기는 정말 견디기 힘들었다. 노력함에도 불구하고 실력이 향상되지 않았기 때문이다. 하지만 이 시기를 견디고 나자 어느 순간에는 정말 실력이 향상되었다고 느꼈다. 노력이 재미있어지는 시기가 온 것이다.

당신이 원하는 분야에 노력을 계속해라. 김연아 선수도 단 한 번에 트리플 악셀을 한 것이 아니다. 조금씩 조금씩 어려운 기술을 익혀 나간 것이다. 노력에 노력을 거듭해서 결과를 만들어 낸 것이다. 그렇기에 김연아 선수의 노력은 값진 것이다. 당신 역시 당신의 분야에서 노력을 거듭해라. 당신 역시 노력의 진가를 볼 수 있을 것이다.

## 29
# 긍정의 자기 암시를 걸어라

인생은 자기가 뜻하는 대로 된다. 그러기 위해서는 긍정의 자기 암시를 걸어야 한다. 긍정의 자기 암시를 통해 무의식을 바꿀 수 있다. 무의식을 바꾸면 현재의 의식인 현재 생활이 바뀌게 된다. 부자들은 언제나 '나는 운이 좋다'는 자기 암시를 건다. 그러면 어떤 일이 오든지 흔들리지 않고 운이 좋다고 생각하여 긍정의 결과를 만들어 내는 것이다. '나는 누구보다도 더 인생이 잘 풀린다'라는 자기 암시를 걸어 보아라. 그러면 진짜로 자신의 인생도 잘 풀리는 상황이 만들어질 것이다. 중요한 것은 자기 암시의 모습이 현재의 자기 모습이라는 것이다. 그리고 자기 암시를 하고 있는 정신 상태를 다른 사람들은 안다. '저 사람은 운이 좋은 사람이구나. 저 사람은 핑계만 대고 있구나'를 판단한다. 사람들은 언제나 밝은 기운을 가진 사람을 좋아하고 곁에 두고 싶어 한다. 인생의 85퍼센트는 인간관계이다. 인간관계가 좋은 사람은 운이 좋아지고 더욱더 성공하게 될 수밖에 없는 것이다.

나 역시 임용을 준비할 때 나는 합격한다는 자기 암시를 걸었다. 실제로 합격하기 위해 공부에 몰두했고 그해 합격을 맛보았다. 자기 암시의 효과의 하나이다.

당신 역시 뛰어넘고 싶은 무언가가 있다면 자기 암시를 걸어라. 자기 암시는 스포츠 스타들도 자주 하는 것이다. 박지성은 '경기장에서는 내가 최고다'라는 자기 암시를 건다. 높이뛰기 선수 이신바예바는 '저 높이는 뛰어넘을 수 있다'라는 자기 암시를 걸고 역도 선수 장미란은 '저 무게는 들 수 있다'는 자기 암시를 걸 것이다. 자기 암시는 신기하게도 그 결과가 자기 암시와 정확히 일치해서 나타난다. 늘 긍정적이고 운이 좋은 자기 암시를 걸어야 하는 이유이다.

## 30
# 친구는 인생에서 중요하다

인맥은 인생에서 중요하다. 그렇다고 수천 수만 명의 인맥이 필요한 것은 아니다. 인맥은 숫자보다 그 질이다. 진정한 인생의 친구가 있다면 그 사람은 인생은 실패한 게 아니다. 나 역시 진정한 친구가 있었기에 실패하는 인생이 아니라 성공하는 인생이 될 수 있었다. 당신에게 아직 진정한 친구가 없다면 안타까운 일이다. 지금이라도 진정한 친구를 만들기 위해 노력을 해야 한다. 나 역시 고등학교 때는 진정한 친구가 없었다. 그리고 나는 많은 반성을 했다. 그 뒤로 나는 친구를 소중히 생각했고 대학에 가서는 여러 친구를 사귈 수 있었다. 그리고 진정한 친구도 만들 수 있었다.

친구는 그 사람의 모습이다. 친구를 보면 그 사람을 알 수 있다는 말이 있다. 유유상종, 끼리끼리 놀기 때문이다.

당신이 어떤 일을 하든지 당신 곁에 좋은 친구들이 있으면 좋다. 이를 위해서는 단지 기다리기만 해서는 안 된다. 상대방을 위해 희생하고 노력하는 모습을 보여야 한다. 쉽게 얻은 친구는 쉽게 사라지고 어렵게 얻은 친구는 끝까지 나를 지켜 준다. 인생은 정직하다. 내가 정성을 기울이면 상대도 그것을 느끼고 내가 대충 대하면 대충 대한다고 느낀다. 나 자신이 소중한 만큼 진정한 친구 역시 소중하다. 당신이 그런 친구를 만들었으면 좋겠다.

# 주식 투자보다 책이다

책은 교육을 상징한다. 주식 투자는 돈의 투자를 상징한다. 나는 대학교 어느 책에서 읽었던 내용을 아직도 기억하고 있다. 가장 효과적인 투자는 교육에 대한 투자라는 것이다. 가장 수익률이 좋고 안정적이라는 게 그 이유이다. 그렇기에 나는 주식 투자보다 책을 보라고 권한다. 실제로 책을 많이 읽은 사람이 투자에도 밝은 경우가 많다. 책을 통해 얻은 지식과 지혜를 가지고 그 사람은 강연도 할 수 있고 그 지식을 바탕으로 책을 쓸 수도 있다. 현재의 직업뿐만 아니라 2차 수입이 들어온다는 이야기이다. 자신의 몸값이 올라가는 것이기 때문에 가장 좋은 투자의 형태이다.

종잣돈이 모였다면 투자를 하는 것도 좋은 일이다. 지금은 저금리 시대이기 때문에 오히려 투자가 더 권장된다. 하지만 투자를 하는 데도 공부가 필요하다. 그 공부의 시작이 경제·경영서를 읽는 것이다. 바로 독서인 셈이다. 그렇기에 독서는 그 자체로도 효과가 있고 투자를 하는 데도 유용하게 쓰인다.

실제로 책에서 쓰인 지식을 사용해 투자에 성공해 부자가 된 사례는 여럿 있다. 물론 동물적인 감각도 중요하겠지만 책을 읽음으로써 쌓아올린 지식에서 나온 지혜로 투자에 성공하는 경우도 많다는 것이다.

주식 투자는 수익을 많이 올릴 수도 있지만 반대로 돈을 모두 잃을 수도 있다. 하지만 독서에 대한 투자는 위험률이 제로이다. 오직 해로운 점이 없고 이로운 점이 있는 것이 바로 독서이다. 그렇기에 우리의 선조들은 그렇게 독서를 권장했던 것이다.

당신 역시 돈을 많이 벌고 싶다면 주식 투자에 기웃거리기보다는 책을 읽어라. 가장 돈을 많이 버는 빠른 길은 독서를 하는 것이다.

# 두려움을 넘어서라

성공하는 데 장애가 되는 것은 두려움이다. 우리는 두려움을 넘어설 때 성공할 수 있다. 부자가 되는 것도 마찬가지이다. 두려움을 넘어서서 투자를 해야 부자가 될 수 있다. 내가 『악인의 매력을 훔쳐라』를 낼 때 나는 전 재산이었던 200만 원을 투자해서 책을 내었다. 두려움에 잠이 오지 않았다. 하지만 책을 통해 나는 성공의 기분을 느낄 수 있었다. 그리고 나는 학교 생활을 하면서 종종 두려움을 느꼈다. 내가 새로운 시도를 할 때마다 두려움은 나의 적이었다. 하지만 나는 이를 악물고 번번이 새로운 시도를 했다. 내가 학교에 적응할 수 있었던 것은 두려움을 넘어섰기 때문이다.

앞서 말한 것과 같이 부자가 되는 것도 두려움을 이겨내야 한다. 가진 게 적은 사람일수록 용기를 내야 한다. 부자들은 여유 자금으로 투자하기 때문에 두려움 없이도 돈을 굴린다. 하지만 가진 게 적은 사람은 자신의 많은 부분을 차지하는 금액을 가지고 투자하기에 늘 두려움에 떨 수밖에 없다. 하지만 그런 두려움에도 용기를 가지고 미래를 바라보는 사람은 고수익을 올리고 부자가 될 수 있다.

# 노력의 선순환을 타라

노력을 하게 되면 성취하게 되고 자신이 좋아지게 된다. 자신이 좋아지면 더 노력하고 싶어진다. 이른바 노력의 선순환을 타라. 이게 하나의 시스템으로 굳어지면 성공적인 삶을 살아갈 수 있다. 이른바 사회의 성공인들은 모두 노력 중독자들이다. 그들은 이미 정상의 자리에 올랐음에도 불구하고 노력을 멈추지 않는다. 노력을 그만두는 순간 퇴보가 시작되기 때문이다. 노력의 선순환을 타면 정상의 자리에 오를 수 있다. 김연아 선수도 노력의 선순환 구조를 타고 성공한 케이스이다. 노력해서 실력이 향상되고 실력 향상이 보이자 더욱 노력하고 싶어져 뛰어난 실력을 갖게 된 것이다.

나 역시 학교에서 수업을 하거나 집에서 글을 쓸 때 좀 더 노력하고 싶어졌다. 그리고 성과가 나타나자 더욱더 노력하고 싶어졌다. 그럴수록 내 자신이 좋아지는 기분이었다. 피트니스 클럽을 갈 때도 마찬가지였다. 몸의 변화가 보이자 좀 더 운동하고 싶어졌고 운동하는 내 자신이 좋아져 더욱 노력하고 싶어졌다.

노력의 선순환 구조는 어디에든 적용할 수 있는 하나의 법칙이다. 노력의 선순환 구조를 타고 성공하는 인생이 되기를 바란다.

# 인생은 자기와의 싸움이다

당신이 성공했더라도 이 책은 읽어 볼 만하다. 그것을 말하려고 한다. 당신이 성공했다면 이제는 자기 자신과의 싸움이다. 남과의 싸움이 아닌 자기 자신과의 치열한 전쟁이 시작되는 것이다. 그래서 인생의 싸움은 끝이 없다. 상대가 보이는 타인과의 경쟁에 비해 자기와의 싸움은 훨씬 더 힘이 든다. 오늘 노력하지 않더라도 별로 차이가 나지 않는다. 하지만 그렇게 시간을 낭비하고 노력을 그만두면 언젠가는 바닥까지 떨어진다. 정상을 계속 지킨다는 것은 피나는 노력을 요한다.

그런 점에서 사격 선수 진종오는 정말 대단한 것 같다. 그는 4연속 올림픽에서 금메달을 땄다. 이미 정상에 올라 더는 바랄 것이 없을 것도 같은데 자기와의 싸움에서 이겨 늘 정상의 자리에 선 것이다.

또한 등단할 때나 지금이나 끊임없이 작품을 내놓고 있는 여러 작가들의 삶 역시 존경스럽다.

나 역시 처음에는 상대방과 경쟁하려고 했으나 이제는 나와의 싸움을 펼치고 있다. 홀로 가는 외로운 길이지만 이 길의 끝에는 또 다른 목적지가 있을 것으로 믿는다. 성공한 자여, 부디 당신의 성공을 지켜서 영원히 행복하기를 바란다.

# 자기계발은 열정의 크기이다

자기계발은 열정의 크기이다. 열정의 크기가 큰 사람은 자기계발을 많이 할 수 있다. 열정의 크기가 작은 사람은 적게 변한다. 열정의 크기만큼 그 사람이 변하는 것이다.

책을 수천 권 읽은 영웅들은 그만큼 열정의 크기가 컸다. 열정의 크기가 컸기에 그런 엄청난 독서를 했고, 그 독서를 통해 자신을 바꾸고 세상을 바꾸었다. 나 역시 사람들이 수천 권의 책을 읽고 자신을 바꾸고 사회를 바꾸기를 희망한다. 그런 사람들이 늘어날 때 우리나라는 행복한 국가로 발돋움할 수 있다.

지금 한류가 한창이다. 자기계발의 한류 역시 일어났으면 한다. 어제보다 나은 미래를 꿈꾸는 사람들이 늘어나 그들의 삶을 바꾸고자 실천에 나서기 시작하고 자기계발의 한류가 일어나 우리나라가 극적으로 변화하는 날이 오기를 바란다.

20대에는 누구나 열정적이다. 하지만 30~40대에 가면 열정은 시들기 시작한다. 현실에 굴복하고 마는 것이다. 하지만 대한민국의 1%는 그러지 않을 것이다. 그들은 나이를 먹을수록 더 큰 열정으로 하루를 태우는 사람들이다. 그들이 존재하는 한 우리나라의 미래는 밝을 것이다. 그런 열정적인 사람이 늘어났으면 한다. 실패에도 좌절하거나 절망하지 않고 다시 도전하는 굳센 의지를 가진 사람이 늘어났으면 한다. 누구보다도 내가 그런 사람이 될 것이고, 주위 사람들을 변화시킬 것이다.

# 유혹을 이겨내라

유혹은 순간이다. 이겨내면 이길 수 있다. 유혹을 이겨내면 더 큰 사람이 될 수 있다. 자기계발에 있어서도 유혹이 온다. 대충 살고 싶은 유혹, 엉망으로 지내고 싶은 유혹, 추락하고 싶은 유혹이 찾아온다. 하지만 이겨내면 더욱 비상할 수 있다. 세계적인 사람들은 모두 그런 유혹을 이겨낸 사람들이다. 당신 역시 세계적인 사람으로 발돋움하고 싶다면 일상의 유혹들을 이겨낼 수 있어야 한다. 그 결과로 당신은 다이아몬드보다 비싼 값진 보상을 받게 될 것이다.

자신의 삶이 미래 세대와 연결되어 있다고 생각하라. 자신이 얼마나 바르게 살아가느냐가 후손에게 영향을 준다고 생각한다면 하루하루를 무의미하게 보내지는 않을 것이다. 좀 더 나은 가문을 만들기 위해 노력할 것이고 하루하루 분투할 것이다. 이런 당신의 분투는 당신의 세대에서는 이루어지지 못할지는 모르나 대대로 이어져 당신의 후손에게는 큰 영향을 주어 명문 가문으로 발전할 수도 있을 것이다.

나 역시 술, 담배, 여자의 유혹이 있었다. 하지만 나는 더 큰 꿈이 있었기에 그런 것들을 멀리하고 독서와 글쓰기에만 집중했다. 당신 역시 무언가를 이루고자 한다면 일상의 유혹은 물리쳐야 한다.

# 37
# 지식보다 체력이다

직장인 5년 차에 느낀 것은 지식보다 체력이라는 것이다. 머릿속의 지식도 중요하다. 하지만 그것은 어느 정도 일을 하다 보면 알게 되는 일이다. 하지만 체력이 받쳐 주지 못한다면 계속 일할 수 없다. 그러므로 당신이 5년 차에 접어들었다면 필요한 것은 체력을 관리하는 일이다. 밤늦게 영화나 드라마를 보는 등 딴짓 하지 말고 적당한 시간에 자야 하며, 피트니스 클럽을 끊든지 학교 운동장이라도 달리든지 해서 체력을 적정 수준으로 유지해야 할 것이다. 처음 직장에 들어갔던 20대에는 그렇게 체력에 대해 걱정하지 않았을 것이다. 하지만 나이가 들수록 걱정되는 것은 건강과 체력이다. 체력이 받쳐주어야 오랜 시간 동안 일할 수 있다.

나 역시 30대를 넘어서부터 배가 나오는 등 몸의 변화가 나타나고 피곤함이 몰려오는 경우가 많았다. 그래서 어느 날 더 이상 이렇게 살아서는 안 되겠다고 다짐하고 피트니스 센터를 꾸준히 나가고 있다. 지금은 조금씩 변하는 몸의 변화가 신기하다. 꾸준히 한다면 몸짱이라는 목표도 머지않아 이루어질 것 같다. 그날까지 열심히 운동하는 수밖에 없다. 건강이고 체력이고 지킬 수 있을 때 지켜야 한다. 그래야 롱런하는 인생을 살 수 있기 때문이다.

# 5장

# 독서는
# 인생을
# 바꾼다

## - 독서로 인생을 바꾼 사람들

# 01
# 오프라 윈프리

독서로 인생을 바꾼 대표적인 인물 중 하나는 오프라 윈프리이다. 오프라 윈프리는 10대에 사생아를 낳고 마약에 빠지는 등 최악의 인생을 살았다. 하지만 그와 같은 상황 속에서도 성공할 수 있었던 것은 독서를 했기 때문이다. 오프라의 아버지는 오프라에게 독서를 권했고 오프라는 꾸준히 책을 읽으면서 성공의 비결을 체득했다.

그녀는 동네 도서관증을 얻을 때 마치 시민권을 얻은 것처럼 기뻐했다. 그만큼 책을 사랑했던 것이다. 그녀는 책을 읽으면서 자신과 같은 여성들이 많으며 세상에는 다양한 길이 있다는 것을 알게 된다. 그래서 그녀는 보다 나은 자신을 위해 노력할 힘을 얻었다. 그녀는 〈오프라 윈프리 쇼〉라는 프로그램으로 유명하다. 그녀는 자신이 책 때문에 성공했듯이 〈오프라 윈프리 쇼〉에서 사람들에게 책을 소개하기도 했다. 그러면 그 책들은 어김없이 베스트셀러에 올라 그 영향력을 발휘했다.

# 김대중

우리나라 대통령 중에 김대중 대통령처럼 독서를 많이 한 분도 없을 것이다. 김대중 대통령은 어렸을 때부터 독서를 많이 해 왔고 감옥에서의 독서로 유명하다. 억울하게 들어간 감옥, 한탄이나 원망만 할 수도 있었겠지만 그는 마음을 다잡고 독서를 하기로 한다. 실제로 나는 『옥중 서신』이라는 책에서 김대중 대통령이 읽은 책의 목록을 보고 깜짝 놀랐다. 처음에는 그 양에 놀랐고 그다음에는 책의 수준을 보고 놀랐다. 김대중 대통령은 어려운 책, 쉬운 책, 문학과 철학, 종교, 역사를 가리지 않고 열심히 책을 보고 『옥중 서신』을 쓰기도 했다. 아마 그때 김대중 대통령은 가장 크게 성장했을 것이다.

김대중 대통령은 죽기 직전까지 『조선 왕조 실록』을 보는 등 독서에서 손을 놓지 않았다. 그리고 그는 역사 속에 기록되었다. 그는 마지막으로 말했다. "인생은 아름답고 역사는 발전한다". 나 역시 김대중 대통령의 삶에 공감한다. 그리고 그의 독서력은 우리가 본받아야 한다.

# 스티브 잡스

스티브 잡스는 그의 경영이 인문학에서 온다고 말했다. 그는 소크라테스와 점심 식사를 할 수 있다면 자신의 회사와도 바꾸겠다는 말을 했다. 스티븐 잡스는 어려서부터 여러 책을 읽었는데 철학과 인문학에도 많은 관심이 있었던 것 같다. 그 이후 그는 인도로 여행을 떠나게 되었는데 그는 그 여행을 통해 많이 성장했다. 그리고 '기술로 세상을 놀라게 하자'라는 모토를 가지고 컴퓨터를 만들어 20대에 백만장자가 된다.

스티브 잡스가 말하는 인문학은 우리 주위에도 널려 있는 것들이다. 사실 우리는 인문학과 매우 가까운 지점에 살고 있다. 하지만 우리가 느끼지 못하고 있을 뿐이다. 애플의 제품들은 하나같이 인간의 생활과 밀접한 관련을 갖고 있다. 그리고 매력이 있다. 이는 스티브 잡스가 인문학을 경영에 도입했기에 있을 수 있는 일이었다.

세상을 바꾸고자 하는 사람이라면 스티브 잡스의 독서와 그의 사고방식을 배울 필요가 있다. 이를 위해 스티브 잡스의 강연을 보거나 그의 자서전을 읽어 보아라. 그에 대해 자세히 알 수 있는 시간이 될 것이다.

# 빌 게이츠

빌 게이츠는 어려서부터 독서광으로 유명했다. 그는 백과사전을 다 읽기도 하였다. 나 역시 초등학교 때부터 독서라면 남에게 지지 않을 정도로 했다고 생각했는데 빌 게이츠에 비하면 새 발의 피 수준이다. 재미도 없는 백과사전을 처음부터 끝까지 어떻게 읽을 생각을 했는지 궁금하다.

빌 게이츠의 성공 비결은 독서이다. 그것은 자신이 스스로의 입을 통해 밝힌 바이다. 그는 하버드 대학 졸업장보다 독서하는 습관이 중요하다고 했고, 자신을 만든 것은 자신의 지역에 있는 한 도서관이라는 말을 하기도 했다. 엄청나게 성공해 세계 제1의 부자가 된 지금에도 그는 열심히 책을 읽는다. 하루에 한 시간 정도 읽고 주말에는 서너 시간도 읽는다. 그리고 그는 온전히 책만 읽고 싶어 일 년에 2주 정도는 생각 주간을 만들어 오로지 독서와 생각만 하는 시간을 갖는다.

내가 독서가 중요하다고 말하면 대다수는 듣지 않을 것이다. 그래서 나는 유명인을 이용할 생각이다. 누구나 아는 그런 대단한 인물 말이다. 그게 바로 빌 게이츠다. 빌 게이츠가 그러했듯이 당신도 독서에 몰두해 보라. 그러면 당신의 삶에 변화를 가져올 수 있을 것이다.

## 05
# 모택동

중국의 붉은 별이라고 불리는 모택동 역시 독서와 밀접한 관련이 있다. 그는 어릴 때 일하는 틈틈이 책을 읽었다. 그는 아버지에게 왜 책을 읽느냐는 야단을 맞아가면서까지 독서에 집중했다. 그가 젊었을 때 읽었던 책은 『수호지』와 같은 반사회적인 책이었다. 아마 모택동은 어려서부터 혁명적인 기질을 타고났던 것 같다. 그 기질은 책과 만나게 되면서 더욱 크게 성장하게 된 것이다

그는 나이가 들어서도 학교에 가지 않고 오히려 도서관을 향했다. 학교 공부가 별 볼 일 없다고 판단한 모택동은 직접 책을 보면서 독학을 하기로 결심한 것이다. 그는 하루에 떡 한 개만 싸 가지고 다니면서 아침부터 저녁 늦은 시간까지 도서관에서 책을 읽었다. 그가 읽은 책은 다 수준 있는 책들이었다. 그런 책들을 읽음으로써 그는 한층 발전한 인간이 될 수 있었다. 또한 그는 철학 모임에 나가 따로 철학을 공부하고 토론을 하기도 했다. 이와 같은 노력은 그가 지도자가 되는 데 많은 영향을 미쳤을 것이다. 모택동처럼 성공한 지도자가 되고 싶은가. 그렇다면 책을 읽어라. 모든 Leader는 Reader라는 말이 있다. 책 읽는 자는 결국 지도자가 된다.

# 버락 오바마

내가 아는 위인 중에 가장 말을 잘하는 것같이 보이는 사람이 바로 미국 대통령에 당선된 버락 오바마이다. 오바마는 이혼 가정에서 태어나는 등 가정 환경이 좋지 않았고 흑인이라는 차별적인 요소가 있었음에도 불구하고 그것을 잘 극복하고 성공한 사람이 되었다. 그 이면에는 독서라는 치료제가 있었음을 부인할 수는 없을 것이다. 그는 방황할 때 책을 읽으면서 자신의 마음을 다잡았다. 이미 그가 고민했던 것들을 많은 흑인 작가들이 했었고 그들의 삶을 통해서 자신이 어떤 일을 해야 하는지에 대해 감을 잡을 수 있었다.

오바마는 방황할 때도 있었지만 곧 마음을 잡고 공부에만 열중해 대학에서 좋은 성적을 거두고 하버드 대학원에 입학하였다.

그는 분명 좋은 독서의 기술을 가졌고 이는 그의 화술에도 영향을 끼쳐 대통령에 당선되었다.

민주당 전당대회에서의 그의 기조 연설은 그를 스타로 만들었고 그 기세를 몰아 힐러리를 누르고 대통령 후보에 올라 다시 매케인을 누르고 대통령에 당선될 때까지 그는 한 편의 드라마를 썼다. 그는 또한 재선에도 성공해 성공한 대통령이 되기도 했다. 그와 같은 인물이 되고자 한다면 잊지 말아야 할 것이 바로 독서이다. 그가 독서를 통해 슬럼프를 극복했듯이 삶에 어려움이 있다면 한번 책을 읽어 보아라. 삶의 장애물을 돌파해 나가는 힘을 기를 수 있을 것이다.

# 나폴레옹 보나파르트

나폴레옹만큼 책을 많이 읽은 위인은 없다. 나폴레옹은 평생에 걸쳐 8천여 권의 책을 읽었다. 그는 이를 어린 시절부터 시작했으며, 전쟁터에서도 1천여 권의 책을 따로 챙겨 가며 읽기도 했다. 그는 황제 자리에 올랐을 때도 책을 읽었을 뿐만 아니라, 가난하고 어려웠던 소위 시절, 유배지로 갔던 시절에도 늘 책에 둘러싸여 있었다. 나폴레옹의 독서는 나폴레옹을 전술의 천재로 만들었으며 실제로 그는 거의 패하지 않고 황제의 자리에 올랐다.

나폴레옹은 남들이 즐기는 시기에 홀로 방 안에 앉아 책을 보았으며 이것이 그의 능력으로 변환되어 승승장구하는 지름길이 되었다.

나폴레옹처럼 성공하고 싶다면 나폴레옹의 책 읽기를 본받아야 한다. 나폴레옹은 "내 사전에 불가능은 없다"고 말했다. 그의 강한 정신은 어디에서 오는 것일까. 그것은 분명 책으로부터 온 것이다. 수천 권의 책을 읽음으로써 가진 긍정적이고 낙천적인 정신은 그의 전쟁을 승리로 이끌었던 셈이다.

그는 또한 자신만의 법전을 만들었는데 유럽의 법 체계를 만드는 데 공헌을 했다. 그는 군인이 아니었다면 법률가로서도 성공했을 것이라는 이야기이다.

# 세종대왕

세종대왕은 어릴 때부터 맹렬한 독서를 한 책벌레로 유명하다. 어린 시절 너무 심하게 책을 봐 눈병이 났는데도 책 읽기를 멈추지 않아 왕이 책을 모두 치우게 한 이야기는 유명하다. 그럼에도 그는 병풍 속에서 책을 한 권 발견해 쉬지 않고 읽었다.

사실 세종대왕은 셋째로 태어나 왕위에 오를 수 없는 환경에 처해 있었다. 그럼에도 학문에 정진하고 책을 읽고 노력하는 모습을 보고 태종의 마음은 바뀌게 된다. 엉망으로 살고 있는 첫째에 실망한 태종은 세종을 왕으로 삼았다. 그가 독서를 하지 않고 되는 대로 왕의 아들이라는 지위를 즐겼더라면 결코 왕이 될 수 없었을 것이다. 이른바 독서는 그에게 왕이 될 기회를 주었던 것이다.

그는 왕이 되어서도 독서를 멈추지 않았다. 오히려 더욱 맹렬히 독서하고 토론하면서 자신의 실력을 쌓아 갔다. 세종이 위대한 것은 그런 독서가 모두 백성을 위한 것이었다는 것이다. 백성의 삶에 관심을 갖고 그들을 이롭게 하기 위해 그런 공부와 독서를 했던 것이다.

세종은 나라의 발전뿐만 아니라 과학, 농업, 군사 등 여러 분야에서 크게 나라를 향상시켰다. 그래서 우리는 세종을 왕이라고 부르지 않고 세종대왕이라고 부른다. 그가 만든 한글은 이제는 세계에서 가장 뛰어난 글자로 불린다. 한글이 없었더라면 이 글 역시 한자로 쓰였을 터이다.

# 에이브러햄 링컨

링컨은 정규 교육을 받지 못했다. 하지만 링컨처럼 독서와 공부에 몰두한 이는 없다. 링컨은 학교에 나가는 대신에 여러 가지 책을 읽었다. 가난하여 책을 사 볼 돈도 없었던 그는 책을 빌려서 그것을 베껴 가며 읽었다. 그는 가난하고 지위가 낮았으나 늘 높은 곳으로 오르는 꿈을 꾸고 있었다. 결국 그는 변호사가 되었고 이는 그가 정치를 하는 길로 이어지게 되었다. 그는 여러 번의 선거에서 실패했으나 결국 성공하여 대통령의 자리에 오른다. 미국 역사에서는 그는 가장 뛰어난 대통령으로 선정되었으며, 예수의 분신이라는 칭호를 받는다. 그는 노예를 해방시켰으며 나라를 통일했다. 그 역시 처음부터 승승장구한 삶은 아니었다. 그 역시 실패를 많이 겪었으나 그 실패를 이겨내고 결국 미국 지도자의 자리에 올랐다. 그 힘과 내공은 다름 아닌 독서에 있다. 그가 자주 읽었던 책은 워싱턴 전기와 『성경』이었는데 그는 그 두 권의 책을 통해 힘을 얻고 성공을 거둘 수 있었다. 다음은 링컨의 낙선 기록이다. 그는 낙선에도 불국하고 계속 도전했다. 그것이 바로 링컨의 이름이 남은 이유이며 그가 위대한 이유이다.

23세 주의원 선거 낙선

29세 주의회 대변인 낙선

31세 정, 부통령 선거위원 낙선

34세 연방 하원 의원 낙선

40세 연방 하원 의원 재선 낙선

45세 상원의원 선거 낙선

47세 부통령 지명전 낙선

49세 상원의원 재도전 낙선

# 10
# 윈스턴 처칠

위인들 중에 처칠만큼 어린 시절이 엉망이었던 사람은 없다. 그는 말더듬이였으며 학업 지진아였다. 하지만 처칠은 하나의 장기가 있었으니 그것은 독서였다. 독서를 통해 키운 영어 실력은 그를 위대한 인물로 만들었다. 그는 군사 학교를 가는 데도 세 번이나 떨어질 정도로 실력 없는 학생이었다. 그랬던 그가 세계의 지도자가 된 데는 독서의 힘이 있다. 그는 하루에 5시간의 독서 시간을 지킬 정도로 독서에 몰입했던 사람이다. 젊은 시절 그는 장교로 활동하면서도 독서에 몰입했다. 그런 몰입 독서의 시간이 지나자 그는 새로운 인간으로 탄생했고, 훌륭한 성적으로 군사 학교를 졸업했다. 처칠은 이제 물 만난 고기처럼 자신의 능력을 발휘하기 시작했다. 어릴 때 부진했던 이유는 자신의 적성을 찾지 못했기 때문이었다. 그는 어릴 때부터 군사 놀이와 병정 놀이를 좋아했다. 그는 군사 학교에 가서야 자신의 적성을 찾고 공부와 독서에 몰입해 훌륭한 장교가 되었다. 그리고 전쟁터를 용감하게 취재하는 기자가 되어 활약하기도 했고 그 활약을 바탕으로 국회의원으로 당선되었다.

처칠을 유명하게 만든 것은 한 대학교의 강연이었는데 그는 "절대, 절대 포기하지 말라"는 말을 하고 내려왔다. 그의 정신이 얼마나 강했는지를 알려 준다. 여러 위인의 일화에서 보았듯이 그 정신은 그냥 생기는 것이 아니다. 그 정신의 힘은 바로 독서에서 온 것이다. 독서를 많이 한 사람들은 강한 정신을 가지고 있다. 쉽게 포기하거나 나태해지지 않는다. 처칠 역시 독서를 많이 했기에 강한 정신을 가졌고 그런 연설을 할 수 있었다. 처칠은 독서를 바탕으로 한 뛰어난 글솜씨로 전쟁터에서의 일을 그려 노벨 문학상을 수상하기도 했다. 지진아였던 처칠이 영국 수상이 되어 2차 세계대전을 승리로 이끌고 노벨 문학상까지 수상한 것이다. 처칠이 없었더라면 인류의 역사가 바뀌었을 것이라고 생각하는 역사가들도 많다.

# 독서를
# 하지 않는
# 사람들

## 01

# 게임에 빠진 김 대리

김 대리는 요즘 휴대폰 게임에 빠졌다. 예전에는 게임을 하려면 PC가 필요했지만 지금은 언제 어디서나 휴대폰만 있으면 게임을 할 수 있기 때문이다. 그래서 쉬는 시간뿐만 아니라 근무 시간 틈틈이, 휴식 시간 등 어느새 휴대폰을 바라보며 게임을 한다. 김 대리도 처음부터 이러지는 않았다. 누구보다도 열심히 근무했던 김 대리였기 때문이다. 하지만 하는 일이 타성에 젖고, 짬밥도 생기다 보니까 어느새 게임을 하는 여유까지 생겨났다.

김 대리의 취미는 게임 수십 개를 다운받고 하나씩 해 보는 것이다. 집에 가면 딱히 할 일도 없기에 시간을 보내는 데는 휴대폰 게임이 딱인 것 같다. 요즘에는 뒤늦게 들어온 신규 사원에게 새로운 게임을 하나 알려 주었다. 김 대리의 인생은 크게 바뀔 것 같지 않다. 좋은 게 좋은 거라고 그냥 그렇게 적당히 즐겁게 사는 게 옳은 것 같다.

여기까지가 김 대리의 사례이다. 이 사례는 내가 겪은 인물의 이름만 바꾼 채 설정을 약간 변경하여 작성한 글이다. 요즘에는 휴대폰 게임에 빠진 사람들이 많다. 지하철을 보아도 열에 아홉은 게임을 하거나 동영상을 보고 있다. 독서하는 사람은 어디로 실종한 것일까. 그 와중에도 책을 보는 사람이 아주 간간히 보인다. 그들의 미래는 밝을 것 같다. 게임 대신에 책을 보는 것이 어떨까. 나 역시 게임에 빠져 보았기에 게임이 얼마나 재미있는지 잘 알고 있다 지금도 나는 닌텐도와 플레이스테이션을 가지고 있다. 가끔씩 게임을 하면 그렇게 재미있을 수가 없다. 하지만 그것보다 재미있는 게 바로 독서. 독서하는 재미는 직접 해 보지 않은 사람은 잘 알지 못한다. 붓다의 제자가 붓다의 가르침이 깊은 우유처럼 깊은 맛이 있다고 한 것처럼 나는 책 읽기를 꾸준히 할 생각이다. 책을 읽으면 생각이 바뀌고 행동이 바뀌어 결국 내 인생의 운명이 바뀐다. 꼭 실천해 보기를 바란다.

## 02
# TV에 빠진 예진 엄마

예진 엄마는 가정주부이다. 초기에는 육아가 힘들었는데 아이들이 자라면서 이제야 조금 숨통이 트이는 것 같다. 예진 엄마의 취미는 드라마 보기이다. 처음에는 현실을 잊으려고 봤던 것이 이제는 없어서는 안 될 보물단지 같다. TV를 보다 보면 어느새 시간이 흐르고 또 하루가 진다. 이제는 TV가 없고 드라마가 없는 삶은 상상도 할 수 없다. 드라마의 배우들의 연기에 빠지다 보면 오늘도 시간이 흐른다. 아이들은 커가면서 더욱 말을 안 듣는 것 같다. 공부도 열심히 하지도 않는 것 같고 늘 휴대폰으로 게임을 하는 것만 같다. 그래서 예진 엄마는 걱정이다. 그래서 엄마들 모임에 나가서 고민을 말해보지만 마땅히 대안이 없는 것 같다. 할 수 없이 큰애와 작은애를 학원에 보냈지만 공부는 학원에 갈 때만 조금 할 뿐 집에서는 온통 게임뿐이다.

예진 아빠는 뒤늦은 시간에 퇴근해 집에 오면 TV로 야구를 볼 뿐이다. 조금은 집안일과 애들 교육에 도움이 되었으면 좋으련만 전혀 신경 쓰지 않는 게 야속하다.

이는 어느 집안의 모습을 그리고 있다. 지금 자신의 집안의 모습이지 않은가. 현대인의 삶은 각자의 삶으로 찢어져 있다. 한 집안에 사는 가족일지라도 각자의 삶을 살고 있는 개인일 뿐 유대감은 적다. 스마트폰의 등장으로 이런 현상은 더욱 커졌다. 거기에 TV에 중독된 부모들의 모습은 현대 자본주의 사회의 부정적인 모습을 그대로 드러낸 것만 같다. 이에 필요한 것이 독서라고 생각한다. 독서를 하면 한 가족이 다시 한곳에 모일 수 있다. 거실에 TV를 들어내고 서재를 들여놓자. 가족끼리 모여서 독서를 하면서 독서 토론도 해 보자. 가족은 운명공동체라는 말이 있다. 가족의 운명을 바꾸어야 하지 않겠는가. 일단 부모가 먼저 시도해야 한다. 부모부터 책을 읽을 때 자녀도 책을 읽게 된다. 나는 교사였기에 나부터 책을 읽었다. 우리 반은 독서 우수 학급으로 한 해에 세 번이나 선정되었다. 한 번도 되기 힘든 독서 우수 학급에 세 번이나 선정된 것은 나부터 책을 보고 책을 읽기를 권장했기 때문이다. 독서를 하면 가정이 바뀌고 학교가 바뀌고 사회가 바뀐다. 나부터 실천하고 그 효과를 경험해 보자.

## 03

# 도박에 빠진 철수 아빠

철수 아빠는 평범한 회사원이다. 그러던 중 어느새 인생에 무료함을 느끼고 찾아간 사행성 도박장에 빠지고 말았다. 처음에는 호기심으로 찾아갔으나 시간이 지나면서 점점 빠져 들어가는 자신을 발견했다. 그곳에는 자신과 같은 모습의 사람들이 많았다. 그들은 인생에 흥미를 느끼지 못한다는 공통점을 갖고 있었다. 그러던 중 철수 아빠는 회사에서 한 독서가의 강연을 듣게 되었다. 처음에는 심드렁했지만 무슨 말을 하는 건지 한번 들어 보려고 했다. "독서를 통해 인생을 바꿀 수 있습니다". 한 독서가의 말이 뇌리에 남았다. 책이나 읽어 볼까. 철수 아빠는 회사가 끝나고 퇴근길에 한 도서관에 들렀다. 문득 책이 읽고 싶다는 생각이 들어 책 한 권을 빌렸다. '내가 괜한 짓을 한 거 아냐. 읽지도 않을 것 같은데' 철수 아빠는 잠깐 후회가 들었지만 한번 빌린 김에 읽어 보기로 했다. 그리고 그날 밤새 철수 아빠는 그 책을 다 읽었다. 그가 들었던 책은 『삼국지』였다.

누구나 다 알고 있는 내용, 그리고 누구나 한번쯤 읽어 보았던 책 『삼국지』, 철수 아빠도 어렸을 때 삼국지를 다 읽었다. 하지만 직장 생활을 20여 년을 하고 나서 다시 읽은 『삼국지』는 그 느낌이 새로웠다. '이래서 책을 읽는구나'. 철수 아빠는 문득 그 생각을 했다. 그 뒤로 철수 아빠는 도서관과 서점의 단골 손님이 되었다. 책을 찾아 구해 읽고, 신권을 찾아 헤매는 모습이 철수 아빠의 모습이 된 것이다. 사행성 도박장은 이제 다시는 쳐다보지도 않는다. 그곳에는 마이너스 기운이 가득한 사람들만 있는 것 같았다. '사람은 책을 읽어야 돼'. 철수 아빠는 밝아졌고 새로운 사람으로 다시 태어났다. 긍정적이고 다시 열정적으로 직장에 근무하기 시작했다. 이 모든 일은 우연한 기회에 책을 만난 이후 벌어진 일이었다.

철수 아빠가 책을 읽기 시작한 이후로는 철수 엄마도 삶을 바꾸었다 철수 엄마도 따라서 책을 읽기 시작한 것이다. 철수 아빠와 엄마가 책에 빠지자 철수네 아이들도 책에 빠지기 시작했다. 그리고 아이들의 성적도 그에 따라 오르는 게 신기했다.

철수 아빠는 이제 책 전도사가 되어야겠다고 다짐했다. 유튜브에 책 읽기에 관한 내용을 찍어 올리기 시작했다. 초반에는 아무도 들어오는 사람이 없었으나 차츰 사람들이 그 유튜브를 보기 시작했다.

그리고 자신도 책을 읽어서 삶이 바뀌었다고 말하는 사람들이 늘어났다. 철수 아빠는 이제 스타가 되었다. 우연히 시작한 책 읽기는 그의 삶을 송두리째 바꾸어 놓은 것이다.

# 04
# 아이돌에 빠진 은영이

은영이는 초등학교 4학년이다. 취미는 휴대폰으로 가수들의 동영상을 보는 것이다. 노래를 따라 부르거나 춤을 추면 기분이 좋아진다. 최근에는 '모모랜드'라는 가수에 반해 춤과 노래를 열심히 따라하고 있는 중이다. 은영이의 친구인 미나도 모모랜드가 좋다고 했다. 그래서 둘은 같이 다니면서 많이 친해졌다. 은영이의 꿈은 가수이다. 지금은 많이 부족할지 모르지만 노력하다 보면 모모랜드 언니들처럼 가수가 될 수 있겠다는 생각을 하게 된다.

하지만 문제는 엄마였다. 엄마는 은영이에게 공부할 것을 강요했다. '네가 해야 할 일은 오직 공부뿐이다'라고 말했다. 은영이는 엄마의 말을 이해할 수 없다. 물론 은영이는 공부도 잘한다. 반에서 5등 안에 드는 상위권이다. 하지만 공부에 모든 것을 다 바치기는 싫다. 연예인처럼 폼 나고 멋지게 살고 싶다.

그러던 중 은영이의 엄마는 서점에서 아이들을 위한 인문 고전 책을 하나 발견하게 된다. 그리고 은영이와 함께 읽어나가기 시작했다. 시작은 어려웠으나 하다 보니 차츰 나아졌다. 은영이는 많은 생각을 하며 배웠다. 한결 성숙하고 차분해진 느낌이었다. 스마트폰을 사용하던 시간도 줄였다. 이제는 가수에 빠지는 것보다 진정한 내 꿈을 찾고 싶었다. 그동안 모모랜드를 좋아했던 것은 자신의 꿈이 아니라 단지 멋져 보이고 인기를 얻고 싶어서라는 것을 알았다.

은영이네 엄마는 애완견 하나를 데려 왔다 이름은 복실이로 지었다. "이제는 복실이와 같이 생활하자". 은영이네 엄마는 사실 은영이의 인성이 가장 걱정이 되었던 것이다. 애완동물을 키우면서 생명을 소중히 하는 마음을 안겨 주고 싶었다.

은영이는 이제 5학년이 되었다. 은영이의 미래는 창창하다. 어떤 인물로 변할지는 그 누구도 잘 모른다. 하지만 은영이의 엄마의 교육이 있기에 은영이는 든든하다. 아이가 어떻게 되느냐는 절대적으로 그 부모에 달려 있다. 이 사실을 안다면 대한민국의 부모들은 자신부터 인생을 다르게 만들기 위해 힘써야 할 것이다. 그 길은 독서에 있다.

## 05
# 야동에 빠진 마대딩

마현우는 대학생이다. 처음에는 대학에 대해 잔뜩 기대했다. '이곳을 위해 나는 고등학교 생활을 거치고 수능 때는 밥만 먹고 공부만 했지'. 마현우는 이제 자신의 시대가 올 것으로 믿었다. 하지만 현실은 그게 아니었다. 그는 오티 때 술에 취해 토하고 대학의 현실을 깨달았다. 그들은 모두 무엇을 해야 할지 몰라 방황하는 것 같았다. 마현우 역시 무엇을 해야 할지 몰라 헤매고 있었다.

2학년이 되고 친구들은 차츰 대학에 적응해 대충이나마 공부도 하고 알바도 해 가면서 살아가고 있었다. 마현우는 집 안에만 있다가 야동에 빠지게 되었다. 처음에는 단지 시간 좀 보내려고 잠깐 본 것이었다. 그러던 것이 이제 완전히 중독되어 야동 없이는 잠을 이루지 못할 정도가 됐다.

결국 마현우는 용기를 냈다. 정신과 병원에 간 것이다. "제가 야동 중독인 것 같습니다". 의사는 말했다. "젊을 때 보는 것은 그다지 문제가 되지 않습니다. 취미 같은 것을 가져 보는 것은 어떻습니까. 이를테면 책 같은 것 말이죠".

그 말을 듣고 마현우는 서점으로 갔다. 책을 모두 구경하고는 마현우는 책 몇 권을 골라 구입했다. 이제는 책의 세계에 빠질 것이다.

마현우는 이제는 책에 중독되어 행복한 시간을 보내고 있다. 책이 늘어갈수록 자신감도 상승했고 무언가 인생에서 큰일을 이룰 것만 같은 기분이 들곤 했다. 정말 자기 자신이 좋았고 할 수 있을 것 같고 행복했다. 이 모든 게 책을 읽었기에 가능한 일이었다.

마현우는 추석 때 친척들을 만났다. 친척 동생에게 마현우는 도서 상품권을 주었다. "책을 읽어. 책 읽는 게 제일이야". 마현우는 그렇게 독서 전도사가 되어 가고 있었다. 마현우는 재능이 있었는지 문학 작품을 그렇게 많이 읽지도 않았는데 신춘문예에 당선되었다. 예고 없이 임신한 것처럼 덜컥 당선이 되니 마현우조차 놀랐다. 하지만 그의 숨은 꿈이었던 작가가 되었다는 것에 뛸 듯이 기분이 좋았다.

마현우는 이제 변했다. 스파이더맨이 거미에게 물려 초능력을 얻었듯이 마현우도 글쓰기로 자신의 삶을 초능력처럼 바꾸었다 이제 대학에 가도 누구나 그에게 아는 척을 한다. 그가 유명하다는 것을 알기 때문이다. 마현우의 인생은 이제 20대로 이제 시작이지만 앞으로도 밝을 것 같다. 이유는 그가 책을 만났기 때문이다.

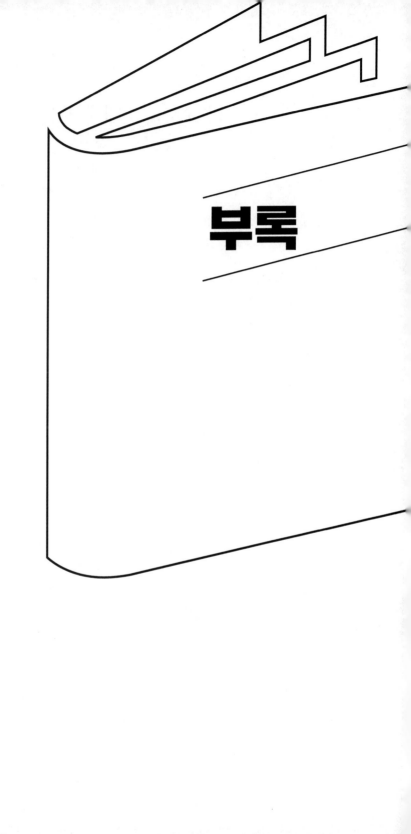

부록

# 김 교사의 미래 일기

## ⠸김 교사의 성공 이야기

　직장 생활 5년 차를 맞이한 김 교사는 오늘도 분주하다. 학교에서는 아이들을 가르쳐야 하고 집에 와서는 쉬기에 바쁘다. 직장 생활은 이제 조금 머리에 들어온 것 같은데 여전히 학교에 다니기는 싫다. '뭔가 해결책이 없을까', 생각해 보니 로또밖에 없는 것 같다. 아이들은 떠들고 일은 하기가 싫다. 내 삶은 왜 이렇게 된 것일까. 생각해 보니 교대를 선택한 것부터가 잘못된 것 같다.

　그러던 중 집에 있던 책을 한 권 펼치게 되었다. '아, 내가 그래도 대학 때는 책을 많이 읽었는데'. 책을 오랜만에 다시 보니 조금은 반가운 기분이었다. 직장 생활을 시작하면서 책은 무용지물이 되었다. 책을 보는 것은 시간 낭비인 것 같았다. 차라리 술 한잔 하는 게 스트레스도 풀고 사람 간의 유대도 쌓는 지름길인 것 같다. 그렇게 김 교사는 사회에 적응해 가고 있었다.

　그는 오랜만에 기욤 뮈소의 소설을 다시 보았다. 기욤 뮈소의 『종이 여자』는 다시 봐도 재미가 있다. 나도 이런 작품을 써 봤으면. 김 교사의 꿈은 작가지만 늘 꿈만 꿀 뿐이다. 그래도 오랜만에 자세를 잡고 기욤 뮈소의 글을 필사해 본다.

　김 교사는 싱글이다. 학교에서 결혼은 언제 할 거냐는 말을 서너 번도 더 들었다. '이제 결혼할 나이가 되긴 했지'. 김 교사의 친구들은 이미 결혼해 그들만의 잔치를 벌였다. 김 교사는 문득 절친의 결혼식 장면이 떠올랐다. 결혼식에서 늘 그는 친구들의 들러리 신세이다. 결혼은커녕 연애도 못하고 있는데. 그는 여자 친구는 있느냐는 말도 여러 번 들었다. 하지만 김 교사는 그것도 중요하지만 자신의 꿈이 중요했다. '내 꿈만 이루어져 봐라. 그러면 모든 것이 내게 올 테니'.

김 교사는 늘 자신을 이끌어 줄 멘토를 찾아 헤맸다. 그러던 중 문득 자기 자신이 자신을 가르쳐서 나아가야 된다는 사실을 깨달았다. 진정한 멘토는 내 안에 있었던 셈이다. '나야말로 나 자신의 최고의 스승이다' 라고 말하는 부처님 말씀이 떠올랐다. 김 교사는 종교에도 많이 빠져 보았다. 기독교, 불교에 대한 지식도 상당하다. 하지만 늘 지식만 있을 뿐 그 종교에 따른 실천은 부족했다. 그러던 중 문득 붓다의 말이 생각난 것은 그의 삶이 괴로웠기 때문이었다.

"인생은 고"라고 설파한 붓다의 가르침이 새삼스럽게 다가왔다. 그렇다면 이 고통의 삶 속에서 나는 어떻게 살아갈 것인가. 김 교사는 나름 철학적인 질문을 던졌다. 그는 학교 생활 속에서 끊임없이 생각했다 '이것이 옳은 것인가. 어떻게 해야 하는가. 어떤 방향으로 나아가야 하는가'. 하지만 학교에서 교사에게 요구하는 것은 행동이었다. 당장에 아이들을 잘 지도하고 학교 일을 무리 없이 해 내는 것을 요구하였다.

그는 문득 독서를 다시 하고 싶다는 생각을 했다. 진정으로 독서를 하고 싶었다. 그냥 취미로 하는 독서가 아닌 진정으로 자신의 삶을 바꾸고 싶다는 생각을 했다. 그렇다면 독서의 방법도 달라야 할 것 같았다. 시중에는 수많은 독서법 책들이 있었다. 그중 대부분은 자신만의 독서법을 설명하는 책이었다. 하지만 한 개인의 독서법은 그 개인에게 해당하는 것일 뿐 타인에게도 적용될 수 있는 것은 아니다. 타인의 경험은 도움이 되겠지만 그것이 백 퍼센트 진리는 아니라는 것이다.

베스트셀러 작가를 보면 질투가 났다. 별로 잘 쓴 글인 것 같지도 않으나 베스트셀러가 되어 승승장구하는 모습을 보면 부러웠다. '내 글도 재미있는데'. 김 교사는 벌써 책을 서너 권 낸 작가이다. 하지만 그렇게 베스트셀러가 되지 못했다. 그래서 그는 늘 베스트셀러 작가가 된 사람들이 부러웠다.

'배우자. 배워야 산다'. 김 교사는 다시 글 쓰는 법에 관련된 책을 읽기 시작했다. 글 쓰는 법을 더 배워야겠다는 생각이 들었다. 혼자서 필사해봐야 글 실력에는 큰 영향을 주는 것 같지는 않았다.

그래서 김 교사는 어린이를 위한 글쓰기 책부터 시작해서 여러 글쓰기 책을 보았다. 그리고 본격적으로 글을 쓰기 시작했다.

김 교사는 목차를 세우지 않고 그동안 글을 써왔지만 자신의 방법이 잘못되었음을 확인했다. 그래서 일단 목차를 세웠다. 목차 세우기는 사실 상당히 힘들다. 차라리 그냥 쓰라면 쓰겠는데 목차를 세워서 쓰라고 하면 목차가 도무지 떠오르지 않았다. 하지만 이번에는 바로 목차가 주르륵 나왔다. 사실 그는 방학 기간 동안 스트레스를 엄청 받고 있었다. 방학 동안에 어디 가지도 못하고 영어 캠프를 준비해야 했기 때문이었다. 하지만 영어 캠프가 끝난 후에도 스트레스는 사라지지 않았다. 왜 인생에서 스트레스가 쌓이는지 그는 알 수 없었고 어떻게 해소해야 할지도 모르고 있었다. 그냥 인생이 괴로웠다. 하지만 책은 괴로움으로부터 탄생한다는 말이 있다. 공지영 작가는 자신의 글쓰기는 고통, 고독, 독서를 통해서 나온다고 밝힌 바 있다. 그 역시 고통의 기간을 지나 글이 쏟아져 나왔다.

그는 그 책의 제목을 『직장인 5년 차 독서에 미쳐라』고 정했다. 이 제목만큼 자신의 의도를 잘 살린 제목은 없다고 생각했다. 그가 직장인 5년 차였고 그가 제일 관심 있고 잘하는 것이 독서였기 때문이었다. 그는 사실 대학생 때부터 세계적인 독서가가 되기로 마음먹었던 사람이다. 독서 영역에서 세계 1인자가 되겠다는 각오로 독서를 해 왔다. 물론 서른이 넘어서부터 직장일과 병행하면서 약간 김빠진 콜라같이 되었지만 20

대 젊을 때의 독서는 정말 열정이 대단했다. 하루에 십여 권의 책을 읽을 정도였으니 말이다. 그 당시 서점에 서서 읽은 책들의 권수만 합해도 수백여 권은 될 것이다. 그 당시는 돈이 많이 없어 책을 다 구입하지 못해 대형서점이나 집 근처의 서점에 가서 신간을 서서 읽었다. 한두 시간 정도면 한 권을 읽을 수 있었기에 많은 시간을 그렇게 서점에 서서 책을 읽었던 것이다. 그때의 책을 읽었던 기억은 아직도 머릿속에 남아 김 교사의 삶을 지배하고 있다. 그래서 젊을 때 책을 읽으라는 말이 있다. 나이가 들어서 해도 유익한 것은 독서이다. 하지만 젊을 때 읽은 책은 그 기억 속에 남아 삶의 방향을 바꾼다. 삶에 그렇게 강력하게 영향을 미치는 책을 읽지 않은 것은 아무리 생각해 봐도 손해인 것 같다. 그러니까 책을 안 보는 것은 엄청난 손해인 셈이다. 책을 안 보면 자신이 시행착오를 해 가면서 배우는 수밖에 없는데, 그러려면 비용과 시간이 너무도 많이 들기 때문이다. 그래서 책을 많이 본 사람은 결국에는 인생이 잘 풀린다. 책에서 배우는 것이 너무도 많기 때문이다. 김 교사는 그것을 알았기에 자신의 삶에 확신이 있었다. 지금은 비록 인정받고 있지 못하지만 5년, 10년 내에 대한민국 일인자로, 세계 일인자로 비상할 자신의 모습을 분명하고 똑똑하게 보았기 때문이다.

김 교사는 학교에서 이 교사를 만났다. 이 교사는 김 교사가 작가인 것을 알고 김 교사에게 물었다.

"독서가 도움이 되나요? 책 한 권 안 읽어도 잘만 살고 있는 사람이 많은데요?"

"네, 맞습니다. 책을 안 봐도 잘만 살 수 있지요. 책보다 중요한 것이 바로 긍정의 정신입니다. 그리고 그 긍정의 정신은 책을 통해 배울수 있습니다."

세상에는 타고나기를 긍정의 정신을 타고난 사람도 있다. 하지만 그런 사람은 정말 드문 일이다. 긍정의 정신을 갖기 위해서는 여러 긍정의 내용이 담긴 책을 읽어야 한다. 마치 정주영씨가 젊을 때 나폴레옹의 자서전을 여러 번 읽으면서 긍정의 정신을 배웠듯이 말이다. 나폴레옹은 "내 사전에 불가능은 없다"고 말했던 인물이다. 그 역시 독서광이었다. 책을 통해 배운 긍정의 정신으로 그런 말을 할 수 있었던 것이다 이를 배운 정주영 역시 "해 보기나 했어?"라는 긍정의 언어를 즐겨 사용했다. 그래서 정주영은 대기업인 현대를 만들 수 있었던 것이다. 이를 잘 알았던 김 교사는 계속해서 책을 읽고 있다. 책을 통해서만이 진정으로 긍정의 정신을 배울 수 있기 때문이었다.

김 교사는 이 교사에게 말했다.

"우리가 책을 통해 배우는 것이 지식일까요? 아니면 지혜일까요? 책이 얼마나 많은지 아십니까? 수십만 권의 책이 있습니다. 그중 아무리 많이 읽어도 그 많은 지식의 손톱만큼도 알지 못합니다. 우리는 지식과 지혜를 배우기 위해 책을 읽는 것이 아닙니다. 바로 긍정적인 자세를 배우려고 책을 읽는 것입니다."

이 교사는 이제 책을 읽는 이유에 대해서 조금은 알게 된 듯한 눈빛이었다.

사실 김 교사도 두려웠다. 어이없게도 성공이 두려웠다. 자신이 100억 이상의 가치가 있는 한 사람의 소중한 인생을 가진 사람이라는 사실을 받아들이지 못했다. 오랜 세월 그는 성공을 두려워했다. 차라리 평범하게 살아가기를 바랐다. 하지만 이제 김 교사는 남과 다른 삶을 걸어가기로 했다 성공을 두려워하지 않기로 했다. 남과 다른 삶을 살기로 결심했다. 남들과 똑같은 길을 걸어가는 발걸음을 돌리기로 했다. 자신만의 길을 걸어가기로 한 것이다. 그곳은 아무도 가 보지 않은 곳이다. 그곳을 가 본 사람은 아무도 없다. 그곳에 대한 정보는 아무것도 없다. 그런 미개척지를 지금 김 교사는 걸어가기로 한 것이다. 두려웠다. 밤이면 두려움에 밤잠을 이루지 못했다. 무엇이 나올지 몰랐다. 하지만 김 교사는 한번 믿어 보기로 했다. 자신의 잠재력과 자신의 재능을, 내면의 그 무언가 솟구치는 열정을 따라가 보기로 했다. 자신이 100억 이상의 가치가 있는 인물이라는 것을 받아들이기로 했다.

사람들은 생각한다. 독서는 보잘 것 없는 것이다. 고리타분하고 퀴퀴한 것이다. 지금은 스마트폰과 유튜브 시대가 아닌가. 사람들은 대박 유튜브가 터질 때마다 "그래, 그래. 이제 책의 시대는 갔지. 유튜브의 시대야"라고 말했다. 하지만 김 교사의 생각은 달랐다. 책을 대체할 수 있는 것은 없다. 스마트폰이 더욱 발전하고 유튜브의 인기가 더욱 커지더라도 책의 역할을 대체할 수 있는 것은 없을 것이다. 오히려 책은 더욱 진화 발전해 가면서 사람들의 삶 속으로 들어갈 것이다. 예전의 작가들은 보통 오만하였다. 작가의 위치에 오르기가 쉽지 않았기 때문이다. 하지만 지금은 일반인 작가들이 늘어났다. 김 교사가 작가가 될 수 있었던 이유도 지금 이 시대는 일반인 작가를 원하기 때문이다. 일반인들의 사소한 이야기들이 공감되고 인기가 있어 베스트셀러가 되는 시대이다. 이를 김 교사도 잘 알고 있다.

김 교사의 『직장인 5년 차, 독서에 미쳐라』는 한 출판사와 계약을 하였고 계약금 500만 원에 10% 인세로 계약을 하였다. 그리고 김 교사는 손을 모아 기도했다. '책이 잘되기를'. 사실 김 교사는 교사로도 만족하고 있었으나 획기적으로 삶을 바꾸려면 책이 성공해야 했다.

다행히도 책은 출간 일주일 만에 베스트셀러에 올랐고 김 교사는 교보문고 광화문점에서 사인회를 했다.

김 교사는 아이들에게 사인을 해 준 적이 있었기에 당황하지 않고 무사히 사인회를 마쳤다. 사인회가 끝나고 출판사에서 전화가 왔다. 강연을 해 줄 수 있느냐는 문의였다. 김 교사는 늘 강연하는 자신의 모습을 꿈꾸었기에 당연히 가능하다고 하였다. 첫 강연을 앞두고 김 교사는 떨렸다. 하지만 떨리는 만큼 더욱더 강연을 열심히 준비하자고 마음먹었다. 사실 늘 수업을 해 왔던 터라 말하기는 자신이 있었으나 늘 어린 학생을 대상으로 했기에 성인들이 어떤 반응을 보일지는 미지수였다.

강연 날이 되었고 어떻게 하는지도 모르게 그렇게 강연을 마쳤다. 많은 사람들과 악수를 나누었고 인상적이고 좋은 강연이었다는 평을 받았다.

김 교사는 꿈에 그리던 베스트셀러 작가가 되었다. 그리고 강연도 하게 되었다. 이 모든 게 꿈만 같았다. 사실 늘 꿈꾸어 왔기에 김 교사는 내면으로부터 늘 이 상황을 믿어 왔다. 하지만 현실은 자신을 괴롭혔고 그동안 싸워 왔던 현실이 눈앞을 지나갔다. 한 아이가 창문을 밖으로 떨어트린 일, 두 아이가 창밖으로 책을 던져 교장, 교감 선생님이 쫓아오신 일, 한 아이에게 욕을 해 그 아이가 경찰에 신고해 경찰이 찾아온 일, 학부모와 싸워 교장 선생님께 혼났던 일 등이었다.

'나는 최고는 아니었지만 최선이었어'. 김 교사는 생각했다. 그 누가 김 교사를 비판한단 말인가. 그는 온전한 삶을 위해 발이 부르트도록 노력했던 사람이다. 이제 그 보상을 배로 값지게 받을 것이다. 그의 운명은 바뀌었다. 하나님은 그에게 새로운 운명을 주셨다.

김 교사는 이제 새로운 꿈을 꾸고 있다. 아이들의 자율성과 창의력을 길러 주는 학교를 짓는 게 김 교사의 다음 꿈이다. '그래, 꿈을 향해 다시 달려 보는 거야'. 김 교사의 삶은 이제 시작이다.


## ┋김 교사의 성공 이야기, 그 이후

김 교사의 책은 100만 부가 넘게 팔리면서 김 교사는 많은 인세를 받게 되었다. 그 돈으로 김 교사는 무엇을 해야 할지 고민했다. 많은 성공한 사람이 그렇듯이 자신만의 연구소를 차리고 싶었다. '김 교사의 교육 연구소'라 이름 짓자. 김 교사는 마음속으로 생각했고 자신의 마음에 쏙 들었다. '나 역시 공병호처럼 1인 기업인이 되는 거야'. 김 교사는 새로운 미래를 생각하자, 약간의 걱정과 함께 설렘을 느꼈다.

김 교사는 공자나 플라톤처럼 자신만의 아카데미를 갖고 싶었다. 그곳에서 여러 명의 제자를 길러서 자신 역시 인류의 성인처럼 자신의 사상을 전파하고 싶었다. 김 교사는 자신이 충분히 그럴 능력이 된다고 생각했다.

책의 성공 탓인지 사람들이 교육 연구소에 많이 연락을 해 왔고 방문하기도 하였다. 김 교사는 독서와 영어를 어떻게 해야 할 것인지에 대한 커리큘럼을 짰다. 그리고 일일 특강과 프로그램을 개발했다. 처음에는 어떻게 해야 할지 몰라 쩔쩔 매었으나 하다 보니 대충 틀이 나왔다.

지금부터는 완전히 자신의 자유였다. 하지만 그에 대한 책임도 져야 했다. 잘못하면 힘들게 번 돈을 날리고 다시 원점에서 시작해 교사로 되돌아가는 불상사가 될 수도 있었다. 김 교사는 그게 가장 두려웠다. 김 교사는 일단은 교사 생활에서 벗어날 수 있었다는 점이 가장 마음에 들었다.

김 교사는 여자 친구인 미첼을 만났다. 미첼은 한 어학원의 영어 강사로, 영어 공부를 하다가 관계가 진전되어 이제는 친구 사이가 되었다.


"영어 교육을 해야 하는데 어떻게 해야 할지 잘 판단이 서지 않아."
"처음에는 누구나 그래. 나도 학원의 커리큘럼에 맞추어서 가르치는걸 뭐."


김 교사는 '교사로서 더 경험을 쌓을걸' 하고 후회했다. 연구소의 교육은 학교라는 정규 교육과정에서 제공하지 않는 그 무언가를 갖고 있어야 했다. 하지만 짧은 경력의 김 교사로서는 그걸 찾아내기란 쉽지 않았다. 결국 김 교사는 경력이 많은 영어 교사를 채용하기로 했고, 그 사람들을 이용해 커리큘럼을 짜 보도록 설득했다.

김 교사는 연구소 일에 박차를 가하면서도 또 다른 사업을 준비하고 있었다. 그것은 카페 사업이었다. 김 교사는 돈이 없는 군대 시절부터 카페 하나 차리기를 꿈꾸고 있었다. 돈이 별로 없던 시절에도 밥값에 준하는 커피를 사 먹었던 김 교사였다. 그리고 자신만의 카페를 늘 꿈꾸었다.

김 교사가 가진 돈으로는 충분히 프랜차이즈 카페를 차릴 수 있었다. 하지만 김 교사는 오랜 시간 동안 고민했다. 커피를 사 마시는 것을 좋아하는 것과 카페 주인이 되는 것은 완전히 다른 일이었기 때문이었다. 이번에도 김 교사는 카페의 주인이기는 했지만 카페의 전체적인 운영은 경력이 많은 사람을 고용해서 운영하기로 했다.

어느덧 김 교사의 주위에는 많은 사람들이 몰려들었다. 외로울 새도 없었고 심심할 때도 없었다. 늘 일로 바빴고 사람들을 만나는 걸로 하루 일과가 채워졌다.

김 교사는 이게 성공이구나 싶었다. 아무도 찾지 않은 순간들, 아무 일도 주어지지 않아 괴로워했던 순간들을 떠올리며 눈코 뜰 새 바빴지만 기분만은 좋았다. 자신을 마음껏 쓰고 있다는 기분이 들었다.

김 교사와 미첼의 관계는 진전되어 김 교사는 미첼에게 프로포즈를 했다. 미첼은 프로포즈를 받아들였으며 김 교사와 미첼은 결혼식을 올렸다.

늘 보아 왔던 결혼식이었지만 실제 주인공이 되는 것은 또 다른 느낌이었다. 하지만 김 교사는 이제야 안정을 찾은 느낌이었다. 늘 혼자 있어서 외로웠던 순간들을 생각하면 구속이라고 할 수 있는 결혼 생활이지만, 김종서의 「아름다운 구속」이라는 노래처럼 구속이라고 해도 좋았다.

인터넷에는 김 교사의 팬클럽이 생겼고 그 회원수가 20만 명을 넘어섰다. 김 교사는 이제 완전히 스타가 된 것이다. 김 교사는 그것에 기분이 좋았지만 한편으로는 개인으로서의 자유를 뺏긴 것이기 때문에 아쉽기도 했다.

김 교사의 또 다른 꿈은 국회의원이다. 사람의 욕심은 끝이 없다고 김 교사의 욕심도 끝이 없었다. 하지만 김 교사는 한번 도전해 보고 싶었다. 어차피 한번 사는 인생, 시도할 것은 모두 시도해 보고 싶었다.

김 교사는 연줄이 닿아서 국회의원이 될 수 있었다. 주위의 많은 사람들이 그가 국회의원이 되는 것을 반대했지만 김 교사는 모든 가능성은 열어 두자는 주의였다. 국회의원이 어떤 일을 하는지 직접 해 보고 싶었다. 김 교사는 인간으로서 경험할 수 있는 모든 것을 경험해 보고 싶었다. 영생을 할 수 없는 인간이기에 시간은 한정되어 있고 그 한정된 시간에 인간으로서 죽는 것이 아쉽지 않게 모든 것을 하고 싶었다. 사실 고등학교 때부터 들었던 생각이 바로 그것이었다.

김 교사는 어느새 40살을 넘었다. 김 교사는 성인의 삶과 속물의 삶 사이에서 고민하고 있었다. 한평생 인생을 즐기다가 죽고 싶기도 했고 인류의 성인처럼 자신을 희생하는 삶을 살고 싶기도 했다. 하지만 부와 명성을 얻은 지금에 그것을 모두 포기하고 성인들처럼 살기는 싫었다. 그러면서도 성인의 명예와 그 삶이 부럽기도 했다.

김 교사는 어느 날 산속으로 들어갔다. 거기 가서 한 옹달샘을 보았다. 옹달샘에 얼굴을 비춰 보고 있는데 한 노인이 옹달샘에 비춰 보이는 게 아닌가. 깜짝 놀란 김 교사가 다시 주위를 살펴보니 한 노인이 그 옆에 있었다.


"김 교사여, 세상 속에 사는 게 재미있는가?"
"아니요. 사실 가도 가도 괴롭기만 합니다. 어떡해야 할지 모르겠습니다."


문득 깨닫고 보니 김 교사는 어느 방 안에 앉아 있었다. 그의 머리는 파리하니 깎여 있었고 염주를 손목에 두르고 있었다.

그리고 문이 열리고 한 노인이 들어왔다.

"성진아, 네가 세상살이에 욕심을 내는 것을 보고 내가 잠시 네가 꿈을 꿔 보게 한 것이다."

그제야 김 교사는 자신이 성진인 것을 알고 자신이 한바탕 속세에 빠졌다는 것을 알게 되었다.

"스승님, 어찌하여 이 어리석은 이에게 그런 가르침을 주셨습니까."

성진은 크게 반성했고 불도의 길을 걸어 인류의 위대한 스승이 되었다고 한다.

## [부록 2]
# 추천 도서

### 1. 『성경』

#### 인상 깊은 구절

복 있는 사람은 악인의 꾀를 좇지 아니하며 죄인의 길에 서지 아니하며 오만한 자리에 앉지 아니하고 오직 여호와의 율법을 즐거워하여 그 율법을 묵상하는 자로다. 저는 시냇가에 심은 나무가 시절을 좇아 과실을 맺으며 그 잎사귀가 마르지 아니함 같으니 그 행사가 다 형통하리로다.

#### *Hee Jeon Say*

특정 종교를 거론할 생각은 없으나 나를 바꿨던 것은 한 권의 『성경』이다. 나는 대학생 때 『성경』을 자주 읽었고 신약 성경 전체와 구약 성경의 일부분을 필사하기도 했다. 그래서 진리를 찾았느냐. 아직도 미지수다. 하지만 그 시간은 헛되지 않았다고 생각한다. 『성경』을 읽으면서 정말 배우는 게 많았다. 신약 성경도 좋았지만 「시편」과 「잠언」과 같은 부분은 종교를 갖지 않은 사람이라도 읽어 보면 유익한 점이 많다고 생각한다. 당신 평생에 한번은 『성경』을 읽어 보아라.

## 2. 『붓다』(무샤고지 사네아츠)

교진여야. 너의 조그만 지혜와 얕은 마음으로 나의 큰 깨달음을 헤아리려 하지 말라. 육체가 괴로우면 마음은 오히려 번뇌와 고통으로 어지러워진다. 그러나 몸이 안락해지면 정에 애착을 갖게 된다. 고와 낙이 모두 도를 이루는 근본이 아닌 것이다. 고락을 버리고 중도를 얻어 바르게 보고 바르게 생각하며 바르게 말하며, 바르게 일하며 바르게 살며 바르게 정진하며 바른 수행에 정신을 집중함으로써 참으로 마음이 안정되는 정정에 드는 것이다. 이것을 팔정도라 하니 이를 따라서 열심히 수행하면 마음은 조용히 정정에 들어 생로병사의 번뇌에서 벗어날 수가 있는 것이다. 나는 이미 중도를 행하여 정각을 얻었느니라.

### *Hee Jeon Say*

대학생 때 나는 무척 괴로웠다. 그 이유를 생각해 보자면 욕심은 크고 능력은 작았던 것 같다. 나는 이 책을 3권을 가지고 있다. 왜 똑같은 책을 샀는지 모르겠다. 다만 이 책을 읽고 괴로움에서 벗어날 수 있었다는 것이었다. 우리가 일생에 한번쯤 만나야 할 사람이 붓다이다. 그가 진정 신인지 인간이지에 대한 논쟁은 하지 말자. 중요한 것은 그의 가르침이 고통을 덜어 준다는 것이다. 나는 이 책을 읽고 많은 것을 느끼고 평화로워졌다. 지금 욕심 때문에 괴로움이 있는 사람이 있다면 나는 이 책을 적극적으로 추천하겠다.

## 3. 『이기적 유전자』(리처드 도킨스)

### 인상 깊은 구절

37억 년 전 스스로 복제 사본을 만드는 힘을 가진 분자가 처음으로 원시 대양에 나타났다. 그것들은 생존 기술의 명수가 되었다. 그것들은 아주 오래전부터 거대한 군체 속에 떼 지어 로봇 안에 안전하게 들어 있다.

그들은 원격 조종으로 외계를 교묘하게 다루고 있으며 우리 모두에게도 있다. 그것들은 우리의 몸과 마음을 창조했다. 그것들을 보존하는 것이 우리의 존재를 알게 해 주는 유일한 이유이다. 그것들은 유전자라는 이름을 갖고 있으며 우리는 그것들의 생존 기계이다. 이 유전자의 세계는 비정한 경쟁, 끊임없는 이기적 이용 그리고 속임수로 가득 차 있다.

### *Hee Jeon Say*

막 대학에 입학한 후 나는 리처드 도킨스의 『이기적 유전자』를 만났다. 내가 고등학교 때 이 책을 만났더라면 진로가 달라졌을지도 모른다. 인간은 유전자의 탈것이라는 주장은 어린 내게 충격을 주었다. 이제야 삶의 의미가 명확히 드러나는 것만 같았다. 나는 생물을 무척 좋아했기에 리처드 도킨스의 글이 더욱 좋았다. 그 이후 나는 리처드 도킨스의 진화론 책을 여러 권 읽었다. 하지만 뭐니 뭐니 해도 이 『이기적 유전자』가 가장 뛰어난 책인 것 같다. 이 책을 읽지 않았다면 한 번쯤 읽기를 권한다. 세계관이 달라질 수 있는 그런 책이다.

## 4. 『논어』(공자)

공자께서 말씀하셨다. 배우고 때때로 그것을 익히면 또한 기쁘지 아니한가? 벗이 먼 곳에서 찾아오면 또한 즐겁지 아니한가? 남이 알아주지 않아도 성내지 않으면 또한 군자답지 않은가?

*Hee Jeon Say*

『논어』는 내 삶을 바꾸어 놓은 책이다. 『논어』는 예부터 꼭 읽어야 할 책으로 여겨졌다. 어떤 학자는 『논어』의 반쪽만 가지고도 천하를 다스릴 수 있다고 하였다. 『논어』를 읽으면서 공자의 사상을 알 수 있었다. 사실 『논어』는 무척 쉽다. 어려운 내용이 하나도 포함되어 있지 않다. 읽으면 그 뜻이 다 이해된다. 하지만 그것을 실천하기란 보통 어려운 것이 아니다. 그것이 바로 아는 것과 실천하는 것의 차이일 것이다. 하지만 『논어』를 읽으면서 『논어』처럼 살려고 노력을 많이 했다. 남이 알아주지 않아도 서운해하지 않았고 내가 먼저 타인을 알아주려고 노력했다. 앞으로도 난 『논어』를 계속 읽을 것이다. 『논어』는 그만큼 가치가 있는 책이기 때문이다. 이 책은 살 것을 권한다. 사서 두고 두고 읽어라. 분명 삶의 어려움에 해결책이 되어 줄 것이다.

## 5. 『맹자』(맹자)

**인상 깊은 구절**

맹자가 말했다.

"인의를 지향해 노력하는 것은 비유하면 우물 파는 것과 같다. 우물을 아홉 길이나 되도록 팠더라도 물이 솟아나는 데까지 도달하지 못했으면 우물을 포기한 것이나 마찬가지이다."

나는 대학 때 맹자의 책을 읽고 깊은 감명을 받았다. 맹자의 책은 그 어떤 자기계발서보다도 강력한 책이었다. 나는 『맹자』를 자기계발서의 고전이라고 이름 붙이고 싶다. 인상 깊은 구절의 내용도 현대인에게 적용해도 손색이 없는 말이다. 어떤 것을 지향하는 사람은 그것이 이루어질 때까지 노력해야 한다는 것을 말해 주고 있다. 그래서 나는 작가의 꿈을 포기하지 않고 계속 꾸준히 하기로 결심했다. 결국 나는 작가가 되었으니 나의 일부분은 맹자에게 빚진 셈이다. 『맹자』 역시 내용을 읽기에 어렵지 않다. 또한 『맹자』에는 맹자 특유의 시대를 초월한 가르침이 있으니 꼭 사서 일독하기를 바란다.

## 6. 『수레바퀴 아래서』(헤르만 헤세)

### 인상 깊은 구절

두더지가 저장해 둔 먹이를 먹고 한동안 살아가듯이 한스는 전에 얻은 지식으로 얼마간을 지탱해 나갔다. 그다음부터는 괴로운 궁핍의 연속이었지만 오래가지 않아 조금씩 새로운 노력을 통해 곤경을 모면하기도 했다. 그러나 그 무모함에 자신도 웃지 않을 수 없다 그는 부질없이 골머리를 앓을 필요성을 느끼지 않았다. 구약 성서 최초의 다섯 권을 다음으로 호머를 포기하고, 크세노폰 다음에는 대수를 포기했다. 선생들 사이에서 그에 대한 평판은 조금씩 내려가며 우에서 미로, 미에서 양으로 드디어 가로 떨어지는 것을 태연히 지켜보았다.

대학 입학 후 헤르만 헤세가 쓴 『수레바퀴 아래서』라는 책을 보았다. 그 주인공 한스가 꼭 나 같았다. 그래서 공감이 되어 완전히 몰두해서 몇 번이고 반복해서 읽었다. 공부와 사회의 틀이라는 수레바퀴에 깔린 한스의 모습에서 나는 우리나라 학생들의 모습을 똑똑히 보았다. 그것은 내 모습이기도 했고, 나의 친구의 모습이기도 했다.

우리 교육도 이제 바뀔 때가 되었다. 자신의 삶의 모습을 들여다보고 싶거나 성장 소설이 읽어 보고 싶다면 이 책 『수레바퀴 아래서』를 꼭 읽어 보아라. 무척 재미있는 책이다.


## 7. 『하늘 호수로 떠난 여행』(류시화)

### 인상 깊은 구절

로마 철학자 세네카는 이렇게 말한다.

"당신이 갖고 있는 것이 당신에게 불만스럽게 생각된다면 세계를 소유하더라도 당신은 불행할 것이다."

세네카가 한결같이 우리에게 말하고자 하는 것은 이것이다. 너의 소원이 이루어지지 않았다고 불평하지 말고 오히려 삶이 일어나는 대로 받아들여라. 그러면 넌 어떤 상황에서도 행복하게 살 수 있을 것이다.


*Hee Jeon Say*

제목마저 시 같은 이 책은 류시화 시인이 인도에 가서 여행한 경험을 그리고 있다. 무척 재미있게 읽었던 책이다. 인도의 여러 모습을 무척 환상적으로 그리고 있었기 때문이다. 나는 인도에 가 보지 않아서 인도의 현실이 어떤지는 모르겠다. 하지만 이 에세이에 나온 인도의 모습은 신비롭고 아름다워서 한번쯤은 가 보고 싶다. 인도 여행을 다녀온 뒤에는 이 책의 내용을 보다 객관적인 시선에서 바라볼 수 있을 것이다. 인도에 대해 궁금한 사람과 자신의 영혼을 찾고 싶은 사람들은 이 책을 보아라. 도움이 될 것이다.

## 8. 『종이 여자』(기욤 뮈소)

### 인상 깊은 구절

"처음에는 책에서 떨어진 소설 주인공 어쩌고 하는 네 말을 믿지 않았어. 하지만 이제는 나도 인정할 수밖에 없게 됐어. 네 여자친구가 다시 종이로 변해 가고 있어."

### *Hee Jeon Say*

이 책은 앞서 말했듯이 내가 사회복무요원을 하면서 가장 재미있게 읽었던 책이다. 자신이 쓴 소설 주인공이 눈앞에 나타나 그 여자와 사랑을 나눈다는 그런 이야기이다. 설정 자체는 유치할 수 있으나 기욤 뮈소의 필력은 그 유치한 설정 자체를 탄탄한 스토리로 그리고 있다. 기욤 뮈소는 사랑과 미스터리가 섞인 이야기를 잘 쓰는 프랑스 소설가 중에 한 명이다. 흔히 프랑스 소설하면 베르나르를 떠올리기 쉬운데 기욤 뮈소도 세계적인 작가 중에 한 명이다. 그건 그렇고 소설 속 주인공과 사랑에 빠진 주인공은 어떻게 되었을까. 직접 읽어 보기 바란다.

## 9. 『장자』(장자)

장자가 말하였다. "지금 당신은 큰 나무를 가지고 그것이 쓸데가 없다고 근심하고 있소. 어째서 아무것도 없는 고장 광막한 들에다 그것을 심어 놓고 하는 일 없이 그 곁을 왔다갔다하거나 그 아래 어슬렁거리다가 드러누워 낮잠을 자지 않소? 그 나무는 도끼에 일찍 찍히지 않을 것이고 아무것도 그것을 해치지 않을 것이오. 쓸데가 없다고 하여 어찌 마음의 괴로움이 된단 말이오?"

*Hee Jeon Say*

나는 장자를 처음 읽었을 때의 기쁨을 아직도 기억한다. 세상 만물이 꿈에 불과하다는 그의 주장과 구부러진 나무처럼 쓸모없는 것이 유용하다는 말은 성공을 강요하는 사회의 압박에서 나를 자유롭게 해 주는 통쾌한 가르침이었다. '나는 그대로 온전하다'라는 안도감과 함께 정글 같은 세상 속에서 잘 살아갈 것이라는 믿음이 생겨나곤 했다. 당신 역시 세속에서 괴로움과 스트레스가 쌓여 자연으로 떠나고 싶다면 이『장자』책을 함께 챙겨 가라. 장자야말로 진정으로 자연 속에서 노닐었던 뛰어난 철학자였다.

## 10. 『멈추면 비로소 보이는 것들』(혜민 스님)

**인상 깊은 구절**

내가 저지른 실수 때문에 너무 힘들어하지 마세요.
완벽하게 사는 사람은 아무도 없습니다.

실수를 통해 삶이라는 학교가 우리에게 지금 가르쳐 주는 것입니다. 감사하게 배우면 그만큼 더 성장합니다.

토닥토닥.

### *Hee Jeon Say*

나는 혜민 스님의 글을 읽으며 많은 위로를 받았다. 어렵고 힘든 시절에 이렇게 위로를 해 주는 사람이 있다는 게 고마웠고 신기했다. 그 이후 나는 혜민 스님의 신간을 기다리며 힘들 때마다 『멈추면 비로소 보이는 것들』, 『완벽하지 않은 것들에 대한 사랑』 그리고 최근 책 『고요할수록 밝아지는 것들』을 보았다. 앞으로 나올 책들도 기대가 된다. 위로를 받고 싶고 쉬고 싶은 사람이라면 혜민 스님의 책을 추천한다. 실제로 혜민 스님의 책은 선물용으로 인기가 좋다고 한다.


## 11. 『네 안에 잠든 거인을 깨워라』(앤서니 라빈스)

### 인상 깊은 구절

불과 몇 년 전 캘리포니아 베니스에 있는 10여 평의 독신자 아파트에 앉아서 "내 곁에는 아무도 없어요. 아무도 들으려 하지 않고 내 의자조차도 귀를 막아요. 그래요, 난 울고 있어요. 방황하고 있어요. 왜 아직도 나를 외롭게 내버려 두느냐고 말할 수조차 없어요"라는 닐 다이아몬드의 노래를 들으며 울던 시절이 갑자기 떠올랐다. 세상사에 휘둘리고 있어서 내 인생 따위는 별로 중요하지 않은 것 같다고 생각하던 기억이 났다. 또한 나는 내 인생이 극적으로 바뀐 순간을 떠올렸다. 그 순간 '난 맞아. 나는 정신적으로 감성적으로 신체적으로 현재 나타나 있는 것보다 훨씬 더 큰 존재야. 이젠 알았어' 하고 말했다. 그 순간 나는 내 인생을 완전히 바꿔 놓을 결심을 했다. 말 그대로 내 인생의 모든 것을 바꾸기로 결심했던 것이다. 나는 절대로 내 능력 이하의 삶에 만족하지 않기로 결심했다. 그 결단이 이런 놀라운 순간으로 나를 데려다 줄지 누가 감히 상상이나 했겠는가?

*Hee Jeon Say*

『네 안에 잠든 거인을 깨워라』는 자기계발의 고전으로 불린다. 이 책의 저자는 홀로 독신자 아파트에서 외롭게 살았으나 인생을 바꾸겠다는 결심을 하고 성공을 위해 몰두하여 이제는 헬리콥터를 타고 다니며 수많은 사람들의 인생을 바꾸어 주는 자기계발 코치가 되었다. 그에게 코칭을 받는 사람들은 대통령과 인기 스타를 비롯해 유명인들이 많다고 한다. 그는 이제 10평짜리 독신자 아파트가 아닌 거대한 성에서 산다. 체중도 정상 체중이 되었으며 반려자도 만나게 되었다. 그런 꿈같은 일에 필요한 단 한 가지는 바로 결단이라고 한다.

## 12. 『시크릿』(론다 번)

### 인상 깊은 구절

인생을 전환하기 위해서는 감사할 일을 목록을 작성해야 한다. 이렇게 하면 에너지가 바뀌어 사고방식이 바뀐다. 목록을 작성하기 전에는 자신에게 부족한 점들이나 불평 문제에 초점을 맞추다가도 작성하고 나면 다른 방향으로 가게 된다. 그러니까 좋게 생각하는 모든 일들에 대해 감사하기 시작한다는 뜻이다.

감사하면 온 마음이 우주의 창조적 에너지와 조화를 이루게 된다. 이 사실이 낯설게 느껴진다면 잘 생각해 보라. 그것이 참이라는 점을 알게 되리라.

『시크릿』을 통해 배운 걸 한 단어로 말하면 '감사'라고 하겠다. 현실에 행복하고 감사하면 성공은 자연히 끌려온다. 가장 빠른 성공 비결이 현재에 행복하고 감사함을 느끼는 것이다.

나는 이 사실을 몰랐으나 최근에 여러 책을 읽으면서 이 사실을 알았다. 그리고 늘 실천하고 있다. 나는 하루에 매일 감사 일기를 적는다. 삼년째 하고 있는 습관이다. 이렇게 감사 일기를 적다 보면 실제로 감사할 일이 없다고 할지라도 절로 감사함이 느껴지고 '이렇게 살아 있는 게 다행이다. 저 사람에게 고맙다'라는 마음이 절로 든다. 감사함은 현실 세계에서 행복한 삶을 만들 것이고, 만약 내 삶이 행복하다면 내가 원하는 것들도 자연히 내게 끌려오게 될 것이다. 모든 것은 사람들이 한다. 모든 일은 사람들이 한다. 그래서 인간관계가 중요하다. 『시크릿』을 읽고 나서 사람들이 내게 몰려드는 느낌을 받았다. 주파수의 파장이 변한 것이다. 내가 가장 힘든 시절 나는 『시크릿』을 보면서 마음의 위로를 받고 꿈을 꾸었다. 어떤 사람은 돈을 벌기 위해 작가가 꾸민 이야기라고 생각하는 사람도 있겠지만 내가 볼 때는 하나의 과학으로 보인다. 당신 역시 삶이 힘들 때는 『시크릿』을 펼쳐 보아라. 자신이 얼마나 소중한 존재인지 알 것이고, 앞으로 어떻게 살아가야 할지가 보일 것이다.

## 13. 『그러니까 당신도 살아』(오하라 미쓰요)

### 인상 깊은 구절

지금이 바로 출발점

인생이란 하루하루 훈련을 쌓아가는 것이다.

인생이란 나 자신을 갈고 닦는 훈련의 장이고
실패를 두려워할 필요가 없는 훈련의 장이며
삶의 감동을 맛볼 수 있는 훈련의 장이다.

지금의 이 행복을 행복으로 여기지 못한다면
언제 어디서 행복을 느끼며 살 수 있겠는가?
이 행운을 발판 삼아 있는 힘을 다해 나아가자.

나 자신의 미래는
바로 이 순간 여기서부터 시작되는 것이다.
지금 당장 노력하지 않는다면 그 노력은 언제 할 것인가?

### *Hee Jeon Say*

왕따를 당하고 나서 할복 자살을 시도하고 조폭 두목의 부인이 되기까지 망가졌으나 다시 정신을 차리고 사법 시험에 합격해 변호사로 활동하고 있는 주인공의 삶에 나는 깊은 인상을 받았다. 인생이란 자신이 마음먹기에 따라서 얼마든지 변화할 수 있다는 사실을 나는 주인공의 삶을 통해 배웠다. 내가 선정한 구절은 오하라 미쓰요가 힘든 시절에 자신을 세우기 위해 자주 읽었던 구절이라고 한다. 나 역시 이 구절을 읽으면서 인생에 두려워하지 않고 도전하며 열심히 살아 보기를 다짐해 본다. 독자 역시 이 시 구절을 읽다 보면 인생에 용기가 생기고 다시 나아가고자 하는 열망을 느낄 것을 확신한다.

# 마치며

직장인 5년차에게 독서를 권하는 이유는 독서가 그만큼 소중하고 중요하기 때문이다. 갈수록 치열해지는 경쟁사회에서 필살기는 필수이다. 자신만의 것이 없는 사람은 대체되어 직장을 잃고 그 힘을 모두 빼앗긴다. 저렴한 비용으로 필살기를 다지는 데는 독서만 한 게 없다.

나 역시 지지부진한 직장인에서 보통 직장인이 되었지만 보통의 직장인으로 남기는 싫었다. 그래서 대학 때 했던 독서 활동을 더욱 열심히 다시 시작했다. 지금은 차이가 나지 않을지 몰라도 5년, 10년 후에는 큰 차이가 날 것으로 믿는다. 인생은 정직해서 남보다 더 노력한 만큼 결과를 가져가는 것이 인생이기 때문이다. 짧게 봐서는 손해를 보는 것 같아도 길게 놓고 보면 모두 순리대로 흘러간다.

이 글은 쉽게 출판된 것은 아니다. 수없이 거절당했고 수정 보완하기를 반복했다. 그 와중에 내 책인 『개미와 베짱이』를 영어판으로 아마존에서 출판하였다. 세계적인 작가가 되겠다는 나의 다짐이 이루어진 것이다.

나는 당신의 승리를 바란다. 인생에서 승리하며 멋진 인생이 되기를 바란다. 이를 위해 필요한 것이 독서라는 점을 다시 기억하며 이 책을 다시 한 번 읽어 보기를 바란다. 그리고 이 책에 나오는 내용을 실천하라. 그러면 당신의 인생은 변할 것이다. 당신을 응원한다.

2019년 10월
조희전

## 참고 문헌

- 공자,『논어』, 홍익출판사, 2015
- 기욤 뮈소 저, 전미연 역,『종이 여자』, 밝은세상, 2010
- 김민태,『일단 오늘 한 줄 써봅시다』, 비즈니스북스, 2019
- 나탈리 골드버그 저, 권진욱 역,『뼛속까지 내려가서 써라』, 한문화, 2018
- 대한성서공회성경편집팀,『성경』, 대한성서공회, 2015
- 론다 번 저, 김우열 역,『시크릿』, 살림Biz, 2007
- 류시화,『하늘 호수로 떠난 여행』, 열림원, 2015
- 리처드 도킨스 저, 홍영남 역,『이기적 유전자』, 을유문화사, 2018
- 맹자,『맹자』, 홍익출판사, 2005
- 무샤고지 사네아츠 저, 박경훈 역,『붓다』, 현암사, 1999
- 스티븐 킹 저, 김진준 역,『유혹하는 글쓰기』, 김영사, 2017
- 앤서니 라빈스 저, 조진형 역,『네 안에 잠든 거인을 깨워라』, 씨앗을뿌리는사람, 2008
- 임재성,『질문하는 독서법』, 평단, 2018
- 장자,『장자』, 연암서가, 2010
- 허지영,『하루 10분 책 쓰기 수업』, 위닝북스, 2017
- 헤르만 헤세,『수레바퀴 아래서』, 민음사, 2009
- 혜민,『멈추면, 비로소 보이는 것들』, 수오서재, 2017